JÖRG SPITZER

MÖRDERISCHE EXISTENZEN

SERIENKILLER IM FOKUS

Wenn du spürst, wie der letzte Atemzug ihren Körper verlässt, schaust du ihnen in die Augen. Eine Person in dieser Situation ist Gott!

TED BUNDEY

Sie haben sich zum Erwerb eines Buches entschieden das sich mit dem Thema und zugleich Phänomen des Serienmordes befasst.

Warum auch immer besitzen Sie ein gesteigertes Interesse an dieser Diskussion oder ist es schlicht nur die Neugier auf die Menschen, die dieses Phänomen verursachen?

Vielleicht ist es aber auch einfach nur diese immer angeführte Faszination am Grauen oder des Bösen, am grausamen Handeln von Menschen an Menschen unter dem Aspekt den wir als Serienmord bezeichnen. Jenes Töten von drei oder mehr Menschen innerhalb bestimmter Zeiträume, grob definiert.

Ein Begriff den der damalige Berliner Kriminalbeamte Ernst Gennat im Fall des sogenannten Vampir von Düsseldorf, Peter Kürten, einführte.

Aber was ist eigentlich so faszinierend an diesem Thema allgemein? Was soll diese *fesselnde Begeisterung* für teils unvorstellbar grausame, rohe und brutale Handlungen sein, so eine Definition von Faszinierend. Was soll daran fesselnd sein und auch noch mit Begeisterung zur Kenntnis genommen werden?

Aber nicht doch, Ich bin nicht von diesen Taten fesselnd begeistert, mich interessieren doch nur ausschließlich die Menschen, die dieses Grauen generieren; so dürfte sich eine der lapidaren Argumentationen anhören.

Aber warum haben Sie ausgerechnet ein Interesse an Menschen, abgesehen vom christlich-humanistischen Hintergrund, die anderen Menschen den Kopf abschneiden, dutzende Male auf sie einstechen, schlagen oder schießen, zerfleischen oder gar kannibalistischen Tendenzen fröhnen?

Ach ja, ich vergaß, Sie meinen natürlich die Umstände und Bedingungen, also den Grund, warum jemand so etwas vornimmt

Aber warum sollte Sie dann ein Grund begeistern? Das ist doch unsinnig und unlogisch, so könnte sich eine Konklusion darstellen. Denn nach einem eigentlich kurzen beschäftigen mit der Materie werden Sie sehr schnell feststellen, dass es keine generellen Ursachen für den Serienmord sprich Serienmörder gibt.

Die Forschung auf diesem Gebiet hat längst schon resigniert, hält sich mit geschönten Statistiken und getunten Profiling-Methoden so gerade eben in der Diskussion, mögen auch noch so moderne und neue bildgebende Verfahren, ausgefeilte psychiatrische und psychologische Tests und andere Untersuchungsdesigns zum Einsatz kommen: nichts wird erklärt.

Dem ist leider so. Ich kann nichts anderes konstatieren.

Denn alles was Sie von wissenschaftlicher Seite zu hören bekommen oder lesen werden lautet: ***es ist möglich, wahrscheinlich, oder höchstwahrscheinlich, unter Umständen, eventuell, nur bedingt…*** usw. Semantische Floskeln und unverbindliche hypothetische Phrasen sind die Quintessenz der Ergebnisse zur Forschung auf dem Gebiet ***Serienmord.***

Doch zurück zu Ihnen. Warum also dieses potenzierte Interesse am Serienmord?

Vielleicht die inneren, tiefsten Begierden nach Freiheit? Einmal etwas Verbotenes tun, und sei es nur durch Lesen? Oder ist es doch eher die Faszination an den Menschen, die sich das Recht herausgenommen haben, ohne Würdigung der Ursache, über das Leben anderer und natürlich über ihr eigenes zu walten und zu bestimmen was auch immer passiert. Eine vermeintliche Freiheit zu genießen, die man nur schwerlich mit etwas anderem vergleichen kann?

Eine noch höhere Faszination geht aber von den Serientätern aus, die nicht ermittelt oder ihrer Bestrafung zugeführt werden konnten.

Kann es sein, dass Sie diese Aura des Unnahbaren auch einmal verspüren möchten?

Wie heißt es immer in diesen Kontexten: *Sein wie Gott und über Leben und Tod entscheiden dürfen.* Was für eine Aussicht zu den trivialen Dingen, die Sie jetzt machen. Acht Stunden arbeiten, etwas Sport, hin und wieder essen gehen, mal ins Kino und und und.
Eigentlich schon ziemlich langweilig, oder? Sozial gesehen sind Sie doch bestimmt mehr als konform, üben gar ein Ehrenamt aus, sind hoch beliebt bei den Arbeitskollegen, den Freunden und selbst beim Nachbarn trübt kein Makel das kleinlich gepflegte Image.
Aber was ist, wenn all dies nicht ausreicht, wenn tiefe unbewusste Informationen plötzlich ihren Anspruch anmelden?
Wenn das eigentliche Ich aus den Untiefen ihres eigenen Selbst emporsteigen will, um anstelle des sozial konformen Ich zu treten?
Wenn all die vergrabenen Träume , Sehnsüchte und ureigenen Denkmuster hervorbrechen, aber selbstverständlich nicht dürfen, da eben sozial und kulturell nicht erlaubt, moralisch gar verwerflich sind und schon überhaupt nicht mit dem Bild des Homo Technicus sich kompatibel darstellen oder mit den Erfordernissen des gebildeten Jetzt-Menschen in Einklang stehen?
Dann, ja dann, greift man eben zu anderen Kompensationsmechanismen um dem Ganzen Luft zu machen und Freiraum anbieten zu können. Nun sucht der eine in pädophilen Dark-Net Foren nach scheinbarer Hilfe, der andere greift zu Whisky und Co. Und der Dritte...Nun der Dritte greift zu Literatur über Serienmörder.
Etwas zu hinkend der Vergleich, finden Sie?

Mag sein, wie man es sieht, doch könnte es auch allemal zutreffen.

Wie dem auch sei… Die Antwort liegt in Ihnen selbst. Sie müssen nur richtig hinhören.

Aber vielleicht haben die Menschen über die ich in diesem Buch schreiben werde, einfach zu wenig oder zu viel hingehört. Wie auch immer.

Doch nun soll mein laienhaftes psychologisieren ein Ende haben

Aber bevor ich mich sozusagen den Hauptakteuren dieser Schrift widme, vorab noch eine wissenschaftliche Stellungnahme zu meinen gemachten Äußerungen. Doch wie Sie unschwer feststellen werden, ist auch hier wenig erklärt.

Der „Psychologie der menschlichen Destruktivität" gilt seit Jahrzehnten sein berufliches wie auch persönliches Interesse. Nun ist sein neues Buch erschienen, mit genau jenem Untertitel. Reinhard Haller, einer der renommiertesten Psychiater des Landes, über eines der größten, komplexesten und rätselhaftesten Menschheitsthemen: das Böse. Ist eine Welt denkbar, in der das logische Prinzip, dass das Gute ein Gegenteil erfordert, nicht gilt? Nein. Dies zu glauben, wäre illusorisch. Denn die Krone der Schöpfung, der Mensch, trägt die Anlage zum Bösen in sich. So sagt es schon die Bibel. Der Satz „Und führe uns nicht in Versuchung, sondern erlöse uns von dem Bösen" aus dem Evangelium nach Matthäus (6,13) und im Vaterunser impliziert, was heute als wissenschaftliches Faktum gilt. Bereits auf den ersten Seiten des Alten Testaments wurden die im Paradies

verweilenden Urmenschen Adam und Eva in Versuchung geführt und erlagen dieser auch. „Und ihr werdet sein wie Gott und wissen, was gut und böse ist" – seit der Aneignung der Erkenntnis von Gut und Böse ist die Versuchung des Bösen nach jüdisch-christlicher Tradition Teil der menschlichen Existenz. Dessen ist sich auch Reinhard Haller sicher. Der Psychiater beschäftigt sich seit mehr als drei Jahrzehnten von Berufs wegen mit dem Bösen. Einen hohen Bekanntheitsgrad in Österreich und darüber hinaus erlangte Haller vor allem durch seine forensisch-psychiatrischen Gerichtsgutachten der größten Kriminalfälle Österreichs der letzten Jahrzehnte, so etwa die Fälle des Sexualmörders Jack Unterweger, des „Bombenhirns" Franz Fuchs oder des NS-Euthanasiearztes Heinrich Gross. Von Angesicht zu Angesicht berichteten ihm Sexualmörder, Serienkiller, Terroristen, Kinderschänder, Amokläufer und NS-Verbrecher von ihren Motiven und Gefühlszuständen. In seinen Gesprächen mit mehr als 300 Mördern begab sich Reinhard Haller auf die Suche nach den Wurzeln des Bösen. Seine wichtigsten Erkenntnisse hat er nun in einem neuen Buch zusammengefasst. Ein Gespräch über die Faszination des Bösen.
Herr Dr. Haller, das Böse übt auf viele Menschen eine starke Faszination aus. Wir alle sind sozusagen Voyeure des Grauens. Was, glauben Sie, warum ist die Anziehungskraft des Bösen so groß?
Auf der einen Seite, glaube ich, ist das so, weil es immer sehr spannende Geschichten sind, die das Böse schreibt. Das Zweite ist, dass sich im Bösen letztlich Psychologie pur abspielt. Es sind im Prinzip jedem bekannte psychologische Vorgänge, also Eifersucht,

Neid, Hass, Kränkung, Machtkämpfe etc., die in diese spannenden Geschichten eingebaut sind. Das Dritte ist, dass jeder Mensch weiß und spürt, dass er in sich auch böse Anteile hat, dass es Verschattetes gibt in seiner Psyche, dass es seelische Abgründe gibt, und diese will man kennenlernen. Das kann man auf verschiedene Arten und Weisen tun, zum Beispiel, indem man sich zum Psychiater auf die Couch legt. Die meisten Menschen sehen in den bösen Geschichten einen Spiegel, einen Spiegel ins Unbewusste, in seine eigenen bösen Anteile. Ich glaube, das ist der Hauptgrund, warum uns diese Geschichten so faszinieren.

„*Jeder Mensch weiß und spürt, dass er in sich auch böse Anteile hat.*"

Experimente wie das berühmte Milgram-Experiment, das Sie in Ihrem Buch genau beschreiben, bestätigen, dass der Mensch nicht nur gute Anteile in sich hat. Wenn es das Gute gibt, muss es logischerweise auch das Böse geben. Ich bin überzeugt, dass jeder Mensch gute und böse Anteile hat. Es ist eine Frage der Erziehung und der Entwicklung, wie man damit zurechtkommt, ob man diese bösen Anteile auslebt oder ob man sie so sozialisiert, dass man verträglich für sich und andere durchs Leben kommt.

Eine der grundlegenden Fragen hierbei ist „Nature or nurture?", „Gene oder Umwelt?", eine von ideologischen Fehden umrankte Frage. Wie ist der Stand der Wissenschaft?

Es ist ein Zusammenspiel von beidem. Die unterschiedlichen Forschungsergebnisse stellen zwar mal das eine, mal das andere in den Vordergrund – in den letzten Jahren hat besonders die Hirnforschung neue Ergebnisse geliefert –, böses Verhalten ist aber so komplex, dass es nicht nur organisch sein kann oder sich nur auf Hirnareale oder -zellen beziehen kann, sondern da sind auch viele andere Dinge involviert.
Die Streitfrage allerdings, ob der Mensch als böses Wesen auf die Welt kommt und dann zum guten erzogen werden kann und muss, oder ob er als gutes Wesen auf die Welt kommt und erst durch Erziehung und Umgebung schlecht wird, ist nach wie vor nicht entschieden.

Kürzlich ereignete sich in Kitzbühel ein Fünffach-Mord: Ein 25-Jähriger tötete seine Ex-Verlobte sowie vier ihrer Familienangehörigen und gestand die Tat danach. Da Ihnen für gewöhnlich die großen Kriminalfälle in Österreich zugeteilt werden, sind Sie in den Fall involviert?
Ich bin tatsächlich involviert, ja, und darf direkt zum Fall natürlich nichts sagen.

Das ist verständlich. Gibt es abgesehen von einem Psychogramm des Täters und Einzelheiten zum Fall etwas, was Sie dazu sagen können? Der Laie würde meinen, es wäre eine klassische Beziehungstat gewesen.
Allgemein kann ich sagen, dass sich das Böse

zunehmend im zwischenmenschlichen Bereich abspielt. Etwa 65 Prozent der Tötungsdelikte in Österreich sind Beziehungsdelikte, die meisten schweren Verbrechen spielen sich also in den eigenen vier Wänden ab. Die Konstellation männliches Geschlecht, 20 bis 30 Jahre alt, eine vorangehende Kränkung, die Eifersucht sein kann, Alkohol, der oft im Spiel ist – im Fall von Kitzbühel trifft das offenbar nicht zu –, das ist sehr typisch bei Gewaltverbrechen dieser Art. Auffällig ist auch ganz allgemein, dass die Delikte immer motivärmer werden. Eine Trennung darf man zwar vielleicht nicht als geringfügig bewerten, aber sie rechtfertigt jedenfalls nicht diese übermaximale Reaktion, diesen Overkill. Es ist international zu beobachten, dass sich immer mehr motivarme Tötungsdelikte mit immer stärkeren Reaktionen ereignen.

„Was kränkt, macht nicht nur krank, sondern oft auch kriminell.“

Die „Banalität des Bösen“, ein von der politischen Theoretikerin Hannah Arendt geprägter Begriff, drückt aus, dass das Böse häufig in ganz normaler Gestalt daherkommt.

Wie Sie bereits erwähnt haben, sind etwa zwei Drittel aller Tötungsdelikte in Österreich Beziehungsdelikte. Gibt es hier Möglichkeiten zur Prävention?
Das ist schwierig. Dieser Trend in Österreich, dass man die Schuld immer bei der Gesellschaft sucht, der

gefällt mir ehrlich gesagt nicht, denn schuldig ist natürlich der, der die Tat begeht. Was die Prävention betrifft, so müsste diese dahin gehen, dass man sich überlegt, was man mit dem hohen Aggressionspotenzial, das in jungen Männern schlummert, tut. Ein junger Mann, ein Jugendlicher hat einen enormen Kräftezuwachs, es geht um das Ausloten von Grenzen, bei einem Einfluss von aggressionsfördernden Hormonen.

Dazu kommen oft Minderwertigkeitsgefühle. Die Frage ist: Was machen wir mit diesen Aggressionen? Früher war es die körperliche Arbeit, durch die viel an Aggression abgeführt wurde. Das haben wir heute nicht mehr aufgrund der vorwiegend sitzenden Tätigkeiten, die wir ausüben. Es kommt also zu einem Aggressionsstau, vor allem bei Menschen, die nicht nur viel im Sitzen arbeiten, sondern auch keinen Sport machen. Hier müsste man ansetzen in der Präventionsarbeit.

Der zweite Punkt betrifft mein persönliches Lieblingsthema, weil ich mich damit besonders beschäftige, und zwar: wie man mit der Kränkbarkeit der Menschen anders umgehen kann. Dieses Thema ist tabuisiert, Kränkungen sind schließlich nichts für harte Männer, sondern für Weicheier und Warmduscher. Das ist natürlich ganz falsch, denn auch Männer sind extrem verletzlich hinter der Maske der Coolness und können am Ende mit Kränkungen auch nicht umgehen. Frauen sind eher bereit, sich mit einer Kränkung auseinanderzusetzen, auch in Therapie zu gehen, während Männer rasche und möglichst gründliche Lösungen wollen. Solche erweiterten Morde wie der von Kitzbühel sind todsichere Lösungen im schlimmsten Sinn des Wortes.

Im Vorwort zum neuen Buch schreiben Sie: „Was kränkt, macht nicht nur krank, sondern oft auch kriminell." Können Sie das kurz erklären? Was macht Kränkung mit uns?
Wie bereits angesprochen, denke ich, dass das Thema Kränkung sehr stiefmütterlich behandelt wird. Es gibt nicht einmal eine medizinische Diagnose dafür, geschweige denn eine Definition, aber jeder weiß, was es ist. Kränkung wird häufig nicht ernst genommen, wird verdrängt, sie ist einem peinlich. Das ist aber der Boden, auf dem sie heranwuchert. Die Kränkung entwickelt sich wie ein Eiterherd, den man unter der gesunden Haut gar nicht sieht, der sich aber weiterwühlt und irgendwann zum Durchbruch kommt. Schon Hildegard von Bingen hat gesagt: „Was kränkt, macht krank; was beleidigt, erzeugt Leid." Man kann gut belegen, dass viele psychosomatische Leiden, Süchte und auch Kriminaltaten mit Kränkungen zu tun haben. Am Arbeitsplatz ist Mobbing systematisches Kränken. Abfälliges Lachen, die Nicht-Erwiderung des Grußes,… – das sind typische Kränkungen, die verheerende Folgen haben können, die bis zur Berufsunfähigkeit gehen.
Im Kriminalbereich haben Terroranschläge, die sich

*gegen die kalte, ausschließende Welt richten, sehr viel
mit Kränkungen zu tun. Bei Familien- und
Beziehungstragödien sind meist Kleinigkeiten, also
typische Kränkungen, die Auslöser. Und auch Kriege
werden durch Kränkungen ausgelöst. Beide Weltkriege
hatten natürlich mehrere Ursachen, aber die
Demütigungs-, die Kränkungshypothese, gilt heute bei
Historikern als eine ganz wichtige. Die Erschießung
des Thronfolgers als Auslöser des Ersten Weltkriegs
war für das mächtige Habsburgerreich eine
Beleidigung, die es sich nicht gefallen lassen konnte.
Auch Adolf Hitler kannte das Kränkungsgefühl aus
seinem eigenen Leben gut. Ich will damit niemanden
verteidigen oder etwas rechtfertigen, sondern
psychologische Abläufe bewusst machen. Nur so kann
man dagegen vorgehen.*

*In Ihrer Arbeit als psychiatrischer Gerichtsgutachter
gibt es oft keine absoluten Antworten auf die Fragen,
die sich auftun. Dass es mehr um Wahrscheinlichkeiten
als um Sicherheiten geht, dass es, was die Psyche des
Menschen betrifft, nicht für alles eine Erklärung, schon
gar nicht eine mit mathematischer Sicherheit, gibt, ist
das das Schwierige an Ihrer Arbeit – und gleichzeitig
auch genau das, was Sie daran lieben?*
*Ich muss zugeben, dass das weite Land der Seele
niemals so vermessen werden kann wie ein Organ oder
ein Bremsweg. Dementsprechend hat man einen
gewissen Ermessensspielraum. Die Frage, ob jemand
schuldfähig ist oder nicht, ist in der Regel aber gar*

nicht so schwierig zu beantworten, denn hier geht es einfach darum, festzustellen, ob jemand eine schwere psychische Störung hat, eine akute Geisteskrankheit. Naturwissenschaftliche Genauigkeit und mathematische Sicherheit gibt es allerdings nicht, das ist richtig. Wir können die Psyche eines Menschen nicht vermessen. Viel schwieriger und letztendlich auch nicht lösbar ist die Frage der Zukunftsprognose, ob jemand gefährlich ist. Dort kann man tatsächlich, wie Sie sagen, nur bestimmte Risikoparameter und Wahrscheinlichkeiten aufzeigen.

„Wir können die Psyche eines Menschen nicht mit mathematischer Genauigkeit vermessen."

Diese Verantwortung, zu entscheiden, ob ein Mörder rückfällig werden könnte oder geheilt ist, ist eine immense.

Ja, das ist tatsächlich etwas, was in meinem Beruf bedrückend ist. Wenn in meiner Umgebung ein Mord passiert, und man weiß noch nicht, wer der Mörder ist, habe ich zugegebenermaßen immer höchste Angst und sage zu mir: „Hoffentlich ist das nicht einer, bei dem ich vor ein paar Wochen gesagt habe, dass er eine gute Prognose hat!" Darum sollte man diesen Teil der gutachterlichen Aufgaben meines Erachtens auf eine Kommission aufteilen. Ich bin sonst eher „kommissionsallergisch", aber wenn es um so große Entscheidungen geht, müsste man verschiedene Professionen ihre Meinungen einbringen lassen, also jemanden von der Bewährungshilfe, vom Justizvollzug, von der Verfolgungsbehörde, einen psychiatrischen Sachverständiger involvieren. Nicht nur würde sich so die Verantwortung verteilen, auch kommen mehrere Personen gemeinsam zu einem besseren Bild.

Ich glaube, diese immense Verantwortung, von der Sie gesprochen haben und die schon Kollegen in den Suizid getrieben hat, ist auch der Grund, warum wir eine so hohe Zahl an Einweisungen und Unterbringungen haben, obwohl man weiß, dass von den Personen, die untergebracht sind, die Hälfte gar nicht gefährlich ist. Die Gutachter sind natürlich übervorsichtig. Wenn jemand nach der Entlassung mit angeblich guter Prognose jemanden umgebracht hat, dann können Sie sich vorstellen, welch enormer Druck auf dem Gutachter lastet.

Muss man unterscheiden zwischen der bösen Tat und dem bösen Menschen?

Das ist eine sehr gute Frage. Aber noch interessanter und mindestens so wichtig ist die Frage: Unter welchen Bedingungen kommen beim Menschen die bösen Anteile, die in ihm ruhen, zum Durchbruch, sodass er eine böse Tat verübt? Das ist höchst spannend. Wie kann es sein, dass man bei einem völlig unauffälligen Mitbürger daraufkommt, dass er ein grauenhafter NS-Scherge war? Oder dass man bei jeder schlimmen Tat sagt, der Täter war ein ganz netter Mensch, unauffällig, hilfsbereit…?

Warum sind es unverhältnismäßig mehr Männer als Frauen, die böse Taten verüben? Diese Tatsache muss wohl, zumindest zu einem Teil, mit jenem Anteil bei der Entstehung des Bösen zu tun haben, der genetisch/biologisch bedingt ist.

Ja ja, der Teufel ist ja auch männlich. (schmunzelt) Die erste Sünderin war nicht Eva, sondern der männliche Luzifer. Am Anfang stand eine narzisstische Sünde, Gott gleich sein zu wollen. Das erste Verbrechen in der Bibel war der Brudermord von Kain an Abel. Auch das Urverbrechen der Menschheit hat im Übrigen als Urmotiv eine Kränkung gehabt: Gott beachtet Kains Opfer weniger als das von Abel, was Kain tief kränkt. Gott selbst gibt eine wunderbare Beschreibung der Kränkung: „Kain, du trägst in dir ein lauerndes Tier." Man kennt es nicht so genau, es ist auf jeden Fall vorhanden, es wird zuschlagen, aber man weiß nicht, wann und wie lange das dauert.

Um Ihre Frage konkret zu beantworten: Da spielen mehrere Faktoren eine Rolle. Zum einen sind Mann und Frau genetisch anders programmiert, zweitens gibt es auch vom Hirnbau her Unterschiede. Beim weiblichen Gehirn sind die sozialen Strukturen, die für soziale Kompetenz, für Emotionalität zuständig sind, stärker ausgeprägt als beim männlichen. Frauen und Männer stehen außerdem unter einem ganz unterschiedlichen hormonellen Einfluss. Hinzu kommt, dass Männer und Frauen ganz anderes sozialisiert werden. Männer müssen kämpfen, Männer dürfen keine Schwäche zeigen, Männer haben viel mehr riskante Verhaltensweisen… Alle diese Faktoren führen dazu, dass der Anteil männlicher Mörder im Vergleich zu weiblichen überproportional ist. Frauen sind auf andere Weise grausam, mehr im seelischen denn im physischen Bereich. Und wenn sie töten, töten sie dann auch anders?

Sie bevorzugen weichere Methoden – wobei es bei einem Mord nur ein Euphemismus sein kann, das zu sagen. Früher haben Frauen sehr oft mit Gift getötet; die Giftmörderin war das Gegenstück zum bösartigen männlichen Narzissten. Mittlerweile, mit den neuen Ermittlungsmethoden, ist Vergiften als Tötungsmethode allerdings in eine Krise gekommen, weil man Gift sehr leicht nachweisen kann.

Wobei das nicht ganz richtig ist, weil es die wahrscheinlich meisten Tötungsdelikte im Pflegebereich gibt. Es kommen immer wieder große Serien auf, die aber auch nur die Spitze des Eisbergs sind. Wenn ein alter, pflegebedürftiger Mensch stirbt, nimmt man es mit der Totenschau nicht so genau, weil man sagt, er war halt sehr alt und ist an Altersschwäche verstorben. Es gibt hier allerdings eine relativ große Dunkelziffer an Tötungsdelikten.

Wir haben in Österreich heute ein kriminalitätsarmes Milieu. Warum ist das so? Gilt hier: Je höher eine Kultur, je zivilisierter eine Gesellschaft, desto weniger Kriminalität? Oder wie Freud sagte: „Das Böse kann nur durch die Kultur zurückgedrängt werden."

Ich bin überzeugt davon, dass das möglich wäre, wobei ich unter „Kultur" auch wirtschaftlichen und sportlichen Wettbewerb verstehe. Eine Fußballweltmeisterschaft ist auch Krieg auf hohem Niveau – es werden alle Bedürfnisse, die man im Krieg hat, befriedigt: Länder kämpfen gegeneinander, es geht um Geld, man macht eine Riesenpropaganda, die

Schlachtgesänge, die Gladiatoren, die Feldherren und die anschließenden Siegesparaden… – man kann hier alles hineinprojizieren, was es auch im Krieg gibt, allerdings auf eine unblutige Art und Weise.
Aber um zu Ihrer konkreten Frage zu kommen: Diese ist sehr umstritten. Ich glaube, es sind mehrere Bedingungen. Erstens haben wir glücklicherweise keine großen kriminellen Strukturen, was auch ein Erfolg der Behörden, der Exekutive, ist. Das Zweite ist, dass wir ein gutes soziales Netz haben und die sozialen Risikofaktoren keine so große Rolle spielen. Außerdem haben wir generell eine Verlagerung des Verbrechens ins Virtuelle, was natürlich von der manifesten Kriminalität auch einiges an Potenzial abzieht.

Sie haben viele Stunden mit Schwerstverbrechern verbracht und mehr als 300 Mörder im Gefängnis befragt. Sind diese Menschen so viel anders als wir? Das Böse kommt ja meist in banaler Gestalt daher …
So ist es. Es war für mich, als ich in diese Tätigkeit eingestiegen bin, eine große Überraschung, dass Schwerverbrecher Menschen sind, ich würde jetzt nicht sagen, wie Sie und ich, aber der Großteil sind einfach Menschen, die es oft selbst nicht fassen können, dass sie eine solche Tat verübt haben. Es gibt eine Gruppe von 15 bis 20 Prozent, die schwere psychische Probleme haben, das heißt, die auch nicht zurechnungsfähig sind; und es gibt eine ganz kleine Gruppe, die dem nahekommt, was man aus psychiatrischer Sicht als „das Böse" bezeichnen kann, also ganz schwer bösartige Psychopathen. Letztere sind psychiatrisch am interessantesten – obwohl es

*auch makaber ist, wenn man über einen schwer
Gestörten sagt, er sei super interessant. Diese Gruppe
ist sehr klein und man kann sie auch nicht heilen,
sondern da gibt es nur die Möglichkeit, dass man die
Gesellschaft vor ihnen schützt und sie in Anstalten
unterbringt, bis sie alt werden. Das Alter nimmt
meistens die Gefährlichkeit. Wir haben hier heute noch
keine anderen Möglichkeiten.*

https://www.salzburger.online/die-faszination-des-boesen/Aufruf 06/2023

Als dann. Beginnen wir nun eine Reise durch die bizarre Welt der Serienmorde bzw. durch das Leben der Menschen die dieses Phänomen in fast steter Kontinuität generieren.

Den Anfang macht natürlich der Prototyp des Serienkillers schlechthin, ja fast möchte man ihn als „Vater der Serienmörder"[1] bezeichnen.

Wenn er wüßte, was er heute für eine *Berühmtheit* besitzt, würde er sich bestimmt zufrieden in seinem unbekannten Grabe herumdrehen und sich mächtig freuen, falls denn alles so geschehen ist, was man jenem **Jack the Ripper** bis heute in die Schuhe schiebt. Denn ganz so „save", um es salopp auszudrücken, ist die Geschichte um den berüchtigten Mörder von London nämlich nicht.

Die sogenannten *fünf kanonischen Morde,* also die Morde, die dem Ripper zugeschrieben wurden, sind allesamt geschehen. Angefangen vom zunächst kaum beachteten Mord an Polly Nichols Ende August 1888 in der Bucks Row bis zum grausamen Gemetzel an Mary Kelly im Millers Court 13 in Whitechapel im November. Doch schon bevor Jack the Ripper seinen „Autum of Terror", sein herbstliches Gemetzel begann, kam es vorher schon zu ähnlichen Morden im Londoner East-End und sollten auch nach dem angeblich letzten Mord im November 1888 weiterhin geschehen.

Zwar gibt es einige Briefe die dem Ripper zugeordnet wurden und als authentisch gelten
doch warum wurde diese Korrespondenz überwiegend mit Tages-Zeitungen faktisch erst nach dem dritten

---

1   Die geschlechtsspezifische Differenzierung ist vom Leser selber vorzunehmen.

Mord an Catherine Eddowes in der Berner Street aufgenommen?

Warum nicht schon eher oder warum nicht später? War es tatsächlich nur ein Täter oder waren es doch mehrere?

Es existieren vage Personenbeschreibungen von Augenzeugen, die den Ripper kurz vor den Taten gesehen haben wollen. Ein modernes Profiling bescheinigt dem Ripper eine Körpergröße von 170-180 cm, geformt von einer stämmigen Figur; mittleren Alters soll er gewesen sein.

Inwieweit die anatomischen Kenntnisse des Rippers vorhanden waren oder nicht, die Aussagen hierzu sind ebenfalls vage und widersprüchlich. Ich verweise auf die entsprechende Literatur.

Wer oder was auch immer das Phänomen des Jack the Ripper hervorgerufen hat, tat dies nachhaltig.

Aber bleiben wir bei diesem legendären-schaurigen Mythos und lassen den Geist von Jack the Ripper auch heute noch über Whitechapel schweben.

Denn was wäre London und die Welt ohne ihren Jack the Ripper?

***Seit dreißig Jahren versuche ich nachzuweisen, daß
es keine Kriminellen gibt,
sondern normale Menschen, die kriminell
werden.***

-

(Georges Simenon 1903-1989 Belgischer Schriftsteller)

Sechsundfünfzig Jahre nach den Ripper-morden wurde in der damaligen UDSSR ein Mann geboren, der sich zwar nicht selber als Ripper bezeichnet hat, seinem englischen Pendant in Sachen Grausamkeit und Brutalität aber in nichts nachstand. Ob er nun mehr Morde als der Ripper begangen hat oder nicht vermag ich nicht zu beurteilen. Niemand außer dem Täter weiß das genau. Offiziell beging der „Ripper von Rostow", wie er später betitelt wurde, insgesamt wohl 53 Tötungen, für die Andrei Romanowitsch Tschikatilo dann auch hingerichtet wurde.

Was *normal* ist oder wie es sich zumindest anfühlen müsste, blieb diesem Menschen wohl sein (fast) ganzes Leben verborgen. Es offenbarte sich ihm nicht die Wichtigkeit und Schönheit einer gesunden und unbeschwerten Kindheit.

Es zeigten sich nicht die entwickelnden und aufbauenden Kräfte und Prozesse einer aufregenden, turbulenten und richtungsweisenden Jugend.

Es begab sich allerdings recht bald und ohne Umschweife das aus einem *unnormalen* Menschen ein *normaler* Mensch wurde.

Zu fatalen Fehlern der Natur die seinen *normalen* biologischen Werdegang nachhaltig beeinträchtigen sollten, gesellten sich dann noch zu allem Überdruss

24

höchst ungünstige soziale und kulturelle Umstände und Faktoren, die eine Metamorphose von einem *unnormalen* Menschen zu einem *normalen* Serienmörder entscheidend unterstützen sollten. Das dieser Prozess der Metamorphose rd. 42 Jahre Bestand haben sollte, war dem zerbrechlichen und kleinen Jungen der an einem Freitag, den 16. Oktober 1936 in dem ukrainischen Dorf Jablutschne mit seinen schon von da an *schwächlichen* und *unnormalen* Augen das Licht dieser Welt erblickte, natürlich noch nicht **bewusst**. Zum Glück wurde er nicht an einem Freitag, den dreizehnten geboren; womöglich wäre dieser Umstand noch als kausales Element seiner Taten ausgelegt worden. So aber sollten sich erst weit über 200 Strafaktenbände füllen um dann höchst offiziell von juristischer und psychiatrischer Seite verkündet zu werden das dieser A.R.Tschikatilo trotz massivster Beeinträchtigungen und Dysfunktionalitäten ein gemeiner simpler Mörder sei und voll zurechnungsfähig für seine Taten ist. Da er ja *wusste* was er tat war er voll für schuldig zu erklären und nach dem Willen der Gesellschaft in den Tod zu befördern. Das *normierte gesellschaftlich bzw. staatlich legalisierte Töten* von Menschen als höchste Form der Bestrafung wurde angewendet und ausgeführt. Was vorher beim Täter als Rechtfertigungsgrund für seine Taten, nämlich unter anderem *Hass*, als niederer Beweggrund von der Gesellschaft nicht akzeptiert werden konnte erfährt im staatlichen juristischen Rechtfertigungsgrund der *Rache* ein eigentümliches Pedant. *Rache* ist auch nichts weiter als ein *niederer* Beweggrund doch wird er hier sozial akzeptiert. Als die 42 Jahre währende Qual des A.R. Tchikatilo vorbei war folgte einer *unnormalen* Entwicklung ein *normales* Ergebnis. Denn als der Russisch-Lehrer und Techniker Tchikatilo kurz vor Weihnachten 1978 seine erste Tötung an der neunjährigen Elena Sakotnowa durchführte, sollte die zu diesem Zeitpunkt abgeschlossene Metamorphose ca. 12 Jahre noch andauern, für ca. 53 Tötungen verantwortlich sein und Tchikatilo als „ **Ripper von Rostow**[3]" in die Kriminalhistorie eingehen lassen.

Seinen ganz eigenen, individuellen Lebensweg, seine Biographie oder wie heute auch gesagt wird, *Vita,* werden wir uns etwas genauer ansehen müssen, werden dann sehen müssen, warum 21 Frauen und etwa 32 Kinder zum größten Teil bestialisch getötet wurden; von einem Menschen der am Ende seines Strafprozesses für seine verübten Taten als voll zurechnungsfähig beurteilt wurde und es dennoch nicht war. Aber diese Beurteilung von seiten psychiatrischer Gutachter verwundert kaum wie wir noch sehen werden. Schließlich führte dieses Gutachten einer heilkundlichen Disziplin dazu, das ein nach unseren Kriterien durch und durch kranker Mensch staatlicherseits mit einem Genickschuss getötet werden durfte ebenda aus einem Racheanspruch des Staates (*der Gesellschaft*) der auf einem niederen Grund beruht.

Vier Jahre vor Tschikatilos Geburt wurde die damalige noch junge ukrainisch-sozialistische Sowjetrepublik, auch als *Kornkammer der Sowjetunion* bezeichnet, von einer katastrophalen Hungersnot heimgesucht. Unterschiedlichen Schätzungen nach fielen bis zu 14

---

3 Tchikatilo studierte und lebte u.a. auch in der Stadt Rostow.

Mio. Menschen mittelbar oder unmittelbar diesem wohl politisch initiierten Desaster zum Opfer. Unter dem Begriff „**Holodomor**"[4] ging diese grauenvolle Zeit in die Geschichte ein.

Andrei Tschikatilo war zu diesem Zeitpunkt noch nicht geboren, als seine Mitmenschen anfingen, vor lauter Hunger und dem dadurch drohenden Tod, ihre bereits verstorbenen Leidensgenossen zu verspeisen. Der ältere Bruder Tschikatilos, Stepan, wurde so zum tragischen Opfer dieser Hungerkatastrophe und, nach den Erzählungen der eigenen Mutter, entführt und aufgegessen. Dieses kannibalische Verhalten fand seine Fortsetzung in Tschikatilo selber, als dieser später bei seinen Opfern teilweise Körperteile aß oder auf ihnen herumkaute.

Nach solch einem Ereignis kann keine normale Familiensituation mehr vorhanden gewesen sein. Das diese Geschehnisse in Trauerprozessen-arbeit versucht wurden zu bewältigen, schließe ich hier einmal ganz kühn aus. Heerscharen von Psychotherapeuten oder Psychiatern, wie sie heutzutage vorhanden sind, gab es zu jener Zeit nicht. Als nun der kleine Andre geboren wurde, lag somit schon eine düstere und unheilvolle Aura über seinem späteren Umfeld. Sein erheblicher Sehfehler, seine kranken und schwächlichen Augen, seine bis ins Jugendalter während Bettnässerei und seine mit Entsetzen festgestellte Impotenz im heranreifenden jungen Mann brachten dann nicht einen vor Selbstvertrauen-und Bewußtsein strotzenden Menschen hervor, sondern, um es gelinde auszudrücken, einen labilen und wenig durchsetzungsfähigen Charakter. Da dem Kind Andre

---

4 Holodomor. Ukrainisch für „ Tötung durch Hunger".

keine adäquate Brille gekauft werden konnte weil kein Geld vorhanden war, traten große schulische Probleme auf; der Junge konnte dem Unterricht nicht mehr folgen, weil er nicht richtig sehen konnte. Die weitere Konsequenz hieraus war, dass seine Mitschüler diese Schwäche recht bald herausfanden und anfingen ihn zu mobben, so würde man es heute ausdrücken. Das hier schon schwerwiegende Verhaltensauffälligkeiten neben den bereits vorliegenden Defekten hervorgerufen wurden, bedarf wohl keine weiteren Auslegung! Die menschliche Physis (und mit ihr das ganze Denken und Handeln) lässt sich nicht in ein Schema pressen, so gerne das auch die Kultur und ihre Methoden der Erziehung und (schulischen) Bildung sehen würden. Menschliche Entwicklungen und Entfaltungsprozesse verlaufen nie linear, sondern immer nur subjektiv und stets individuell. Allein die vorgenannten wenigen Umstände mögen schon für sich alleine eine *„auffällige"* und *„unnormale"* Sichtweise produzieren. Und wenn jetzt an dieser Stelle der standardmäßige Einwand erhoben wird, dass solch eine Entwicklung oder eine ähnliche viele (junge) Menschen durchlaufen und eben nicht auffällig (zum Serienmörder) werden, so ist dies ein wenig schlüssiges Argument, dass nur statistischen Perspektiven folgt. Trotz aller Bekundungen der vor Arroganz strotzenden Neurowissenschaften werden nur sehr hypothetische Erklärungen angeboten: Wir wissen bis heute nicht wie Gefühle, Ängste und andere Emotionen genau entstehen und letztlich verarbeitet werden. Dem ist so, wie später noch dargelegt wird.
Andrei Tschikatilo sagte einmal selber dass er *„ ohne Augen und Genitalien geboren wurde"*. Aus seiner

eigenen , ganz subjektiven Sicht, konnte er tatsächlich nicht „*erkennen*" was *normal* ist, geschweige denn eine Reifung nach unseren Vorstellungen und Maßstäben erfahren.

Tschikatilo zeugte mit seiner Frau Fenja noch zwei Kinder; ein wohl eher verzweifelter und ebenso sinnloser Versuch doch noch ein wenigstens nach außen scheinendes *normales Leben* darzustellen. Aber bereits hier zu diesem Zeitpunkt muß bei Tschikatilo bereits seine Pädophilie bzw. Pädosexualität vorgelegen haben. Schon von daher war dieses Unterfangen zum Scheitern verurteilt. Auf bereits Krankem lässt sich schwerlich Gesundes errichten. Dies ist auch ein Grund weshalb Tschikatilo später seinen Beruf als Lehrer aufgeben muss: sexuelle Übergriffe auf vor allem männliche Jugendliche und dadurch resultierende Schikanen und Gewalttätigkeiten derselben gegen den Lehrer. Er kann sich nicht dagegen durchsetzen, wie schon als Kind; seine Schüler haben ihn in der Hand, erpressen ihn faktisch, schlagen ihn, schlagen jemanden, der nur nach Liebe sucht.

Doch kurz vor Weihnachten des Jahres 1978 soll endgültig mit diesen Demütigungen und Erniedrigungen Schluss sein, Schluss mit dem Versteckspielen seiner innersten geheimsten Wünsche und Neigungen, heute an diesem Tag kann er endlich das ausleben, was er schon immer sein wollte: erhaben zu sein über Leben und Tod, sich einfach das nehmen was ihm sein Leben lang verborgen geblieben war, seine Kindheit zurückholen, dieses zarte Kind-sein dürfen und nicht alleine in den Wäldern seines Heimatdorfes Guerillaspiele zu praktizieren um dann später zu hören, dass sein Vater als Desserteur galt, nur

weil er in deutsche Gefangenschaft geraten war. Eines kam zum anderen, eine Frustration ergab die nächste, eine Enttäuschung jagte die andere. Diese Welt war nicht gut, sie war nie gut zu Andrei Tschikatilo. Er hatte alles in seiner Macht stehende getan um *normal* zu werden. Hatte studiert, wollte seinen Schülern das Leben beibringen, beibringen etwas zu sein!
Aber er konnte nicht mehr ankämpfen gegen diese maßlose Wut die sich in ihm gebildet hatte, die eigentlich schon seine ganze Persönlichkeit ausmachte, dieser Hass der sich gebildet hat und seine Seele zerfressen konnte. Es sollte alles wieder *normal* werden, sein unglaublicher Hass sollte umgekehrt werden, sollte zumindest für eine Zeit kompensiert werden, sollte einer Zufriedenheit Platz machen, die er sich insgeheim stets gewünscht hatte. Doch aufgrund seiner Gesamtkonstitution, seiner psychischen als auch physischen Verfassung konnte sein Gehirn nur das eine gedankliche Konstrukt bilden, diese **eine** neuronale Verknüpfung, **diese** Fähigkeit des Gehirns, zu kompensieren: und sei es durch Mord.
Für seine Taten war Tschikatilo nicht verantwortlich zu machen. Statt seines Verstandes hatte dann letztendlich nur sein Wille die sozusagen cerebrale Befehlsgewalt übernommen. Da weder philosophisch noch wissenschaftlich bis zum heutigen Tage geklärt ist ob es einen freien Willen gibt oder nicht, gehe ich in diesem Fall davon aus, dass es **keinen** freien Willen gibt. Die finale Triebfeder für Tschikatilos Taten, der Auslöser (nicht zu verwechseln mit der Ursache !!) seines Tuns waren die vorgenannten Situationen und Umstände. Er hatte einen Tunnelblick bilden **müssen** um seine verzerrte Sicht des Normalen zu kompensieren.

Niemand weiß bis heute wie Bewusstsein, Emotionalität, Wille und Impulse entstehen oder wie sie miteinander kommunizieren. Es gibt Hinweise, Theorien der unterschiedlichsten Art, Meinungen: geklärt ist nichts. Das ist momentan der wissenschaftliche Status quo. Alle anderen Verlautbarungen entsprechen nicht den bisherigen Erkenntnissen.

Da lesen sich dann die psychiatrischen Gutachten über Andrei Tschikatilo wie eine finstere Erzählung von einem Hexenprozess im Mittelalter. **Weil** die Hexe rote Haare hatte und einen stechenden Blick stand sie mit dem Leibhaftigen in reger Beziehung und musste sterben. Und mit dem Willen des Landesfürsten und vor allem der klerikalen Gerichtsbarkeit und somit Gottes Willen und seinem Urteil wurden Morde begangen. **Weil** Andrei Tschikatilo zum Zeitpunkt seiner Taten **wusste** welchen Frevel er anrichtete und seine Taten plante und heimtückisch ausführte musste er sterben bzw. ermordet werden. Der niedere Beweggrund der Rache bleibt auch bei staatlicher Inanspruchnahme und Handhabung nichts anderes als Mord. Fast jeder Mensch mit einer auch schwersten geistigen Dysfunktionalität **weiß** was richtig und nicht richtig ist. Aufgrund meiner eigenen beruflichen Tätigkeiten kann ich dies hier so postulieren. Ich hatte im Laufe meines Berufslebens unzählige Situationen mit Menschen die schwerste geistige Handicaps aufwiesen und dennoch **wußten** dass es eigentlich falsch ist, jemanden z.b. zu schlagen. Sie taten es dennoch weil sie es **mussten.** In diesem einen Moment war nur der Impuls des Schlagens vorhanden. Sonst nichts. Es lag unbestritten eine **zwanghafte Situation** vor. So auch bei

Tschikatilo. Er musste töten. Gedanken an eventuelle Konsequenzen seines Tuns wurden in diesem Moment ausgeblendet. Nicht von ihm bewusst, sondern von seinem Zwang. Deshalb können diese Phrasen von *bewusster* Durchführung und Planung einer Tat und alles was an sicherheitsrelevanten Maßnahmen der Täter *bedachte* nur als hilfloser Versuch gedeutet werden eine scheinbar unfassbare Handlung als rational initiiert darzustellen. Ich spreche hier nicht von auffälligen klinisch-psychologischen Zwangsstörungen so wie sie in den einschlägigen Lehrbüchern der Psychiatrie oder Psychologie definiert werden und eher wenig aussagen. Das plumpe Einordnen von Erkrankungen und Störungen in Kategorien wie dem *ICD* [5]oder *MSN*[6] mag dem einfallslosen und kargen Denkschema der Medizin entsprechen; weit gekommen ist sie mit ihren Künsten damit bisher nicht. Bei Erkrankungen stellt sich nicht die Frage des Warum Hier kann es keine Antwort geben weil es immer und immer wieder ein neues Warum geben wird. Beispiel:

Warum bekomme ich einen Schnupfen ?
Lapidare Antwort der Medizin: Weil du eine geschwächte Immunabwehr hast !
Warum habe ich eine geschwächte Immunabwehr?
Weil du Stress hattest oder schlecht geschlafen hast!
Warum hatte ich Stress oder einen schlechten Schlaf ?
Weil...und und und.

---

5 ICD- *International Statistical Classification of Diseases and Related Health Problems*
6 MSN - Diagnostic and Statistical Manual of Mental Disorders

Es würde nie aufhören dieses Spiel fortzusetzen. Aber noch besser wird es, wenn wir das Ganze von der reinen medizinisch-naturwissenschaftlichen Seite betrachten.

Warum bekomme ich einen Schnupfen ?

Lapidare Antwort der Medizin: Weil du eine geschwächte Immunabwehr hast !

Warum habe ich eine geschwächte Immunabwehr ?

Weil du zu wenige Abwehrzellen hast?

Warum habe ich zu wenig Abwehrzellen?

Weil.... !

Warum-Fragen implizieren für unsere doch recht eingeschränkte und verzerrte Sicht der Dinge eine ursächliche (kausale) Erklärung. Da es aber keine objektive Welt gibt und somit auch keine absolute Wahrheit ist dies alles nur vom Beobachtenden und seiner gedanklichen Zusammensetzung abhängig. **Wir** erschaffen uns unsere eigene Wirklichkeit allein in unserem Kopf.

Alles Seiende auf chemische oder physikalische Formeln bringen zu wollen ist immer ziemlich aussichtslos. Das Lebendige mag sein was es will, es ist aber auf keinen Fall linear. Es gibt kein Berwertungskriterium oder Maßsystem, mit dem das Unmeßbare im wirklichen Leben kommensurabel gemacht werden könnte. Wir beschreiben nur unseren Zwecken entsprechend, erklären aber nichts. Wo scheinbar die größte Ordnung herrscht, sind Verwirrung und Unklarheit schon vorprogrammiert. Die Logik eignet sich nicht zur Beschreibung biologischer Muster. Eine Belastung mit Qualitäten erschwert immer die methodische Aufgabe. Statische Gesetze sind etwas grundlegend anderes, als dynamisch-lebende Strukturen. "Unauflösliche Unauflösliche Widersprüche entstehen (erst), wenn man die Tatsache des Flußes im Leben erklären will." Wie Leben entsteht, hat noch niemand kausal erklären können. Wie das Ei den Organismus formt, bleibt eine offene Frage. Was immer wir messen ist nicht die lebende Wirklichkeit, sondern ein Mechanismus, der auf seine technischen Funktionsmöglichkeiten hin geprüft wird. Der Organismus wird zur Maschine, die nach abstrakten Prinzipien hin beurteilt wird.
Laurent Verycken, Formen der Wirklichkeit - Auf den Spuren der Abstraktion, Penzberg, 1994

Dadurch das wir die vermeintliche Wirklichkeit und Realität in unserem gedanklichen Kontext bilden und synthetisieren entsteht ein Bild; abhängig von vielen Einzelfaktoren (Kindheit, Eltern usw.) die das Ganze strukturieren und letztlich Form geben entwickelt sich so eine andere Art der Sicht. Diese Sicht ist dann nicht mehr abhängig von Recht und Ordnung, sozialen Normen und Regeln, Werte wie Moral oder Sittlichkeit, Verwerflichkeit oder (dis-) sozialem Verhalten: es obliegt ganz allein und ganz autark dem dann folgenden cerebralen (spirituellen) Entstehungsprozess. Dieser verläuft so individuell und subjektiv ohne das er auch nur im entferntesten erklärt werden könnte. Ohne jetzt philosophisch werden zu wollen oder gar metaphysische Einlassungen zu machen kann niemand letztendlich beantworten was normal ist.

In unseren sozialen und kulturellen Gefügen mag der Begriff der *sozialen Norm* eine hypothetische Antwort auf diese Frage sein.

Allerdings ist diese eigentliche Erwartungshaltung der Gesellschaft (*der Mehrheit)* an den Einzelnen (*Du-Ich*) sein Handeln und Verhalten auf ein *normales* (statistisches) Niveau zu halten ein brutales und rücksichtsloses Prinzip dem Individuum gegenüber: Soziale Norm bedeutet dann in der letzten Konsequenz, sein eigenes „Selbstbild" (so es denn objektiv existieren mag!) hinten anzustellen, schmerzliche Kompromisse hinnehmen zu müssen und seine Individualität (Persönlichkeit?)somit auch weitestgehend fremdbestimmt manipulieren zu lassen. Garantiert diese „ *Norm*" das Fortbestehen der eigenen Kollektivität so garantiert sie im gleichen Atemzug evtl. verheerende Auswirkungen auf den Einzelnen bei

Nichtbeachtung der Regeln. Augenscheinlich mag das beim „klassischen" Serienmörder der Fall sein. In einer angeblichen globalen und globalisierten Welt, in offenen Gesellschaften die Toleranz und Empathie dem Einzelnen suggerieren, die Freiheit und Gleichheit proklamieren werden diese Werte rasch zu einer Farce wenn jemand nicht das macht was die Mehrheit will.

Der französische Philosoph Claude Adrien Helvetius (1715-1771) formulierte einst dass *„ Das Glück des Menschen ist, dass zu lieben, was sie tun müssen. Auf diesem Prinzip ist die Gesellschaft nicht aufgebaut".*

Abweichungen von der Norm werden sanktioniert und im ärgsten Fall kriminalisiert.

Wie sehr heute die Gesellschaft versucht den Menschen in die Norm zu pressen erkennt man auch an der zunehmenden Kriminalisierung von Taten, die früher allenfalls als grober Unfug gedeutet wurden. Dies mag auch zum Denken anregen. Das deviantes Verhalten und Kriminalität aber letztendlich ein individuelles Phänomen darstellen und erst dadurch zum „*Un-normalen*" deklariert werden, weil es statistisch so gewertet wird, ist somit von der absoluten Künstlichkeit dieser Normen auszugehen.

Alle folgenden sog. Sozial-ethischen, moralischen und insgesamte Werteordnungen sind demnach illusionär. Sie existieren nur in unseren Gedanken und weil es Menschen gibt. Im Natursystem lässt sich schwerlich derartiges ableiten oder gar als gegeben beweisen. Da soziale Normen insbesondere das menschliche Denken und Verhalten implizieren, mag diese Aussage für unsere weiteren Belange ausreichend sein. Das abweichende Verhalten sollte ja eigentlich nach sozialpsychologischer Ansicht Anlass zu einem kritischen auseinandersetzen mit der Situation geben:

Doch allenfalls wie schon erwähnt wird etwas in statistischer Hinsicht „getan". Über Serienmord existieren unzählige Statistiken, Fallzahlen und Prozentangaben; Erklärungen und Begründungen sind spärlich gesät.

Ist der Serienmörder im günstigsten Fall hochgradig psychotisch oder schizophren sind einfache und lapidare Kommentare dazu simpel und einfach, um diese Tautologie hier einmal so zu benutzen. Liegt keine evidente Bewußtseinstörung vor, war der Täter nach unseren Kriterien zum Zeitpunkt der Tat voll verantwortlich, ja dann kommt es zu höchsten Erklärungsnöten und Disharmonien in den psychologischen und auch juristischen Abteilungen. Dann wird zu der eigentümlichen und naiven Vorstellung eines *„Rechtsbewusstseins"* gegriffen. **Wußte der Täter demnach was er tat oder nicht?** Ebenso könnte man die alte Frage zu beantworten versuchen, ob zuerst das Ei oder die Henne da war?! Primitiver geht es wirklich nicht mehr. Grob ausgedrückt gilt ein Täter (hier Serienmörder) als *„normal"* weil er *„wusste"* was er tat. So einfach ist das. *Schuld* demnach bedeutet im juristischen Sinne

„die Vorwerfbarkeit eines strafrechtlich relevanten Verhaltens. Vorwerfbarkeit bedeutet, dass der Täter rechtswidrig gehandelt hat, obwohl er nach seinen Fähigkeiten und unter den konkreten Umständen der Tat in der Lage war, sich von der im Tatbestand normierten Pflicht zu rechtmäßigem Verhalten leiten zu lassen".

Daneben wird in den Paragraphen 20 und 21 des Strafgesetzbuches noch zwischen *Schuldunfähigkeit* wegen seelischer Störungen oder *verminderter Schuldfähigkeit* unterschieden. Schuldfähig wäre z.B. ein Täter aufgrund einer schweren seelischen Störung, bei Störungen des Bewusstseins oder auch bei Konsum von Drogen oder Alkohol. Aber auch hier gilt zu beachten: Jeder noch so psychisch oder Bewusstseins-gestörte Täter ist nicht so gestört als das er nicht *wüsste* dass er zu einem Messer oder Beil greift um seine Tat auszuführen. Er *„sieht"* eine wie auch immer geartete Waffe als eine solche an, ist also bei *„Bewusstsein"* und *„weiss"* wozu er sie benutzen will. Ich benutze hier zunächst ganz *„bewusst"* keine schwülstigen psychologischen Termini sondern versuche es einmal mit dem sog. *Gesunden Menschenverstand:* diese Perspektive wird meines Erachtens nach bei allen Untersuchungen und Studien zum Thema Serienmord einfach nicht richtig eingesetzt; und nicht nur zum Phänomen des seriellen Tötens: in vielen Bereichen des Lebens und auch in den Wissenschaften würde ein wenig Augenmaß gepaart mit etwas Logik vieles anders erscheinen lassen. Jedes Kind mit wenigen Lebensjahren kann schon differenzieren zwischen *„gut"* und *„böse"*, kann unterscheiden zwischen dem was ihm Behaglichkeit gibt und dem was ihm Unbehagen zufügt. Denn einzig und allein darum geht es im Leben. Jedes neugeborene Kind setzt diese *„Fähigkeit"* zum Leidwesen vieler nächtlich gestresster Eltern *gerne und oft* ein um sein **„normales"** Wohlbefinden zu erreichen. Im Recht wird bei Tötungen im allgemeinen differenziert das man meinen könnte es ginge zu wie auf einem Basar. Da gibt es neben dem *„klassischen"*

Mord und dem Totschlag (Affekttötung) noch Körperverletzung mit Todesfolge, fahrlässige Tötung, Tötung auf Verlangen, Kindstötung, gezielte Tötung (von Staatswegen) usw.

Eigentümlicherweise aber werden bei diesen Tötungen Gemütszustände als „*Rechtfertigung*" und zur motivationalen Erklärung eine sehr gedeihliche und überaus bequeme Basis bereitet. Denn ganz so plausibel und zugänglich erscheint mir die juristische und implizite psychologische Definition von Mord und Totschlag nicht. Ob nun ein Mensch „*heimtückisch*" und mit „*Vorsatz*" getötet wird und die sogenannten Mordmerkmale aufweist, oder ein Mensch durch einen „*Totschlag*" mit hier mildernden Aspekten ums Leben gebracht wird ist bei genauerem Hinsehen sekundär. Bei beiden Geschehnissen sind emotionale bzw. non-emotionale Zustände im Spiel. Ist Wut, Hass oder Abscheu ein „*höherer*" Beweggrund als „*Heimtücke*"? Ist der Totschläger normativ akzeptabler nur weil er aus einem Affekt heraus getötet hat und der Mörder weniger, weil dieser aus einer anders gearteten emotionalen Situation getötet hat?

Beim Hass, diesem intensiven, die Wut übersteigenden Gefühl, kommt es zu einer extremen und exorbitanten Abneigung gegen z.B. Personen. Kausal wird hier in der Psychologie eine tiefgehende seelische Traumatisierung vermutet, die schließlich in einer tiefen und später auch irreversiblen Schädigung des *Selbstwertgefühls* mündet.

Das *Selbstwertgefühl*, auch *Selbstachtung* oder *Selbstvertrauen* genannt, ist ein grundlegendes Gefühl, dass aber wiederum kein Gefühl sein soll, sondern von Psychologen gerne im Affekt-bereich gesehen wird.

Nach dem Motto Paprika ist ein Nachtschattengewächs aus dem schließlich Roter Pfeffer gemacht wird, jongliert man hier mit Begriffen und Zuständen je nach Laune und Kompatibilität das Äpfel glatt zu Birnen werden können. Gefühl ist Gefühl, ob als Affekt bezeichnet oder Emotion. Semantische Kniffligkeiten bringen hier keine Klarheit. Die Psychologie, die Wissenschaft vom menschlichen Erleben und Verhalten, die den Begriff der *Seele* nicht definieren kann oder auch will und von dem Philosophen Immanuel Kant zu einer reinen „*Naturbeobachtung*" degradiert wurde, sollte sich ihre Terminologie gründlichst überlegen und weniger differenzieren. Dann könnte man vielleicht erschließen, das Geist und Seele praktisch das Gleiche sind. Dass das Ich, das Mein oder das Selbst aus dem selben geistigen Potenzial generiert wird, dürfte mittlerweile nicht nur neurowissenschaftlich, trotz aller Querelen, bekannt sein. Beschämenderweise ist diese, ich nenne es einmal Erkenntnis, schon seit über 2500 Jahren gesichertes und stets verifizierbares Wissen von Buddhisten. Unsere Psychologie jedoch streitet sich bis heute darüber, ob denn nun ein Affekt genetisch bedingt sei, oder doch eher erlernt ist. Sollte hier einmal eine konkrete Aussage erfolgen, wissen wir dann auch vielleicht die Antwort auf die Frage, ob eher das Huhn oder das Ei da war.

Abstruser weise spricht die Jurisdiktion beim Hass von einem *niederen* Beweggrund. Wie aber kann sie hier eine Abstufung vornehmen wenn auch die „*höheren*" Werte wie Moral, Ethik oder Humanität ein und derselben Quelle entspringen? Denn dann ist es nur eine Sache der Bewertung, eine perspektivische

Angelegenheit, eine subjektive Auslegung. Gleichwohl gibt es bis heute auch keine wissenschaftlichen Erkenntnisse darüber, das z.B. Moral von Geburt an angelegt ist. Als Konklusion bliebe dann nur noch das Fazit, das diese Werte allenfalls den Charakter artifizieller Rudimente aufweisen, absolut unphysiologisch und in der lebendigen Natur nicht nachweisbar sind. Ein Dilemma. Was einst unsere Vorfahren zum Überleben brauchten, gerade nämlich Emotionen oder Affekte, wird heute ersetzt durch Moral und Ethik, wird ersetzt durch Norm und Gesetz. Der Sieg des Normativen über das Physiologische. Die unabdingbaren Urinstinkte von einst wurden sozialisiert mit dem Ergebnis inhaltloser, formloser Gesellschaften. Internet, Smartphone und zunehmende Digitalisierung tragen zu einer zunehmenden „Verblödung" bei, um diesen Begriff hier einmal zu verwenden

„Denn obwohl wir mit einer Hand das Ich kultivieren drücken wir es mit der anderen Hand zu Boden. Von Generation zu Generation treiben wir unseren Kindern "dummes Zeug" aus und lehren sie zu sehen wo "ihr Platz" ist, und wie man als kleines Ich unter vielen anderensich mit der angemessenen Bescheidenheit zu verhalten wie man zu denken und zu fühlen hat

Allan Watts *(engl. Philosoph und Schriftsteller)*

Soweit nun einige Ausführungen und Überlegungen zum *Normalen* im speziellen und die damit verbundenen Auswirkungen. Es gibt nichts normales, richtiges oder falsches. Stets ist dies in seinem ganz konkreten Kontext zu sehen und ganz besonders im sozial-kulturellen Bereich. Als *artifizielles transformierbares Produkt* ist das *Normale* für Gemeinschaften jeglicher Ausprägung (Familie-Gruppe-Gesellschaft) unabdinglich für ihr Fortbestehen und von vitaler Bedeutung. Selbstverständlich. Und ebenso selbstverständlich kann es an dieser Schnittstelle nur zu Ungleichgewichten und entsprechenden Problemen kommen. Die Physis, die lebendige Wirklichkeit, die Natur, kennt nichts normales im menschlichen Sinne. Dies ist eine von uns geschaffene illusionäre Realität.

Mehr kann man darin nicht sehen. Es ist keine Rechtfertigung für die Taten eines A.R.Tschikatilo; es kann aber ein Ansatz sein hinter statistischen Größen und Fakten Menschen zu sehen.

Ich möchte hier keinen Kulturpessimismus betreiben, aber die Geschichte der Menschheit und somit auch ihre kulturellen Errungenschaften, auch in der geistigen Lebensäußerung, zeugen schon von einer erschreckenden Proportionalität zur Verdummung. Mag schon nicht von akademischer Seite das Böse im Serienmörder erklärt werden können, so verwundert das kaum. Starres wissenschaftliches Dogma und standardisierte Methoden können zu keinem Erfolg führen. Auch nicht ansatzweise. Aber schon fast hilflos und naiv muten die Methoden der Neurowissenschaften an die den Serienmörder als Opfer seiner organischen (hier) Hirnorganischen Struktur auffassen wollen.

Nachfolgend eine chronologische Übersicht der von Tchikatilo begangenen Tötungen. Die an den Opfern verübten Grausamkeiten reichten von abbeissen der Zungen, abgerissenen Hoden, abgebissene Brustwarzen bei Frauen, herausgerissene Gebärmuttern. Bei fast allen Opfern wurden von Tchikatilo die Augen ausgestochen. In der Wahl seiner Tötungsmethoden hatte der Mörder keinen einheitlichen Modus operandi. Er erstach, erschlug oder erdrosselte seine Opfer.

1978

- 22. Dezember: Nachdem ihn einige Schüler offen misshandelt, getreten und geschlagen hatten, ging Tschikatilo in ein Kaufhaus und kaufte sich ein Klappmesser – seine erste Mordwaffe. Er selbst gab an, er brauche es zur Selbstverteidigung. Die Schüler konnten den schwächlichen Tschikatilo ungehindert misshandeln und verhöhnen, da dieser sich erpressbar gemacht hatte, weil er nachts in den Schlafsaal der Schüler eingedrungen und einem Jungen gegenüber zudringlich geworden war. Er nahm sich vor zu trinken, sich mit einer Frau zu vergnügen und so seinen Ärger abzureagieren. Er kaufte Alkohol und machte sich auf den Weg in seine Datscha. Auf dem Weg dahin traf er die neun Jahre alte Elena Sakotnowa. Er sprach Elena an und lockte das Mädchen in seine Laube, wo er ihr die Kleidung herunterriss, sich an dem Mädchen verging und es anschließend durch mehrere Messerstiche in den Unterleib tötete. Anschließend kleidete er das Kind wieder an und warf es in einen nahegelegenen Fluss. Für den Mord an Elena Sakotnowa wurde Tschikatilo zwar mehrmals verhört, jedoch nicht dafür angeklagt. Stattdessen wurde der vorbestrafte Besitzer von Tschikatilos Datscha dafür verurteilt und 1983 wegen Mordes hingerichtet.

1981

- 3. September: Tschikatilo traf sein Opfer, die 17-jährige Larisa Tkatschenko an einer Bushaltestelle vor der Bibliothek in Rostow und tötete sie in einem nahe gelegenen verlassenen Waldstück. Sie wurde am 4. September am Ufer des Don gefunden.

1982

- 6. Juni: Sein nächstes Opfer war die 13-jährige Ljuba Birjuk (Die Leiche wurde am 27. Juni auf einem Waldweg im Rostower Umland gefunden).

- 25. Juli: Ljuba Wolobujewa tötete er während einer Reise nach Krasnodar (Die Leiche wurde am 7. August gefunden).

- 13. August: Tschikatilo tötete den neunjährigen Oleg Poschidjew (sein Leichnam wurde bis heute nicht gefunden).

- 16. August: An jenem Tag wurde die 16-jährige Olga Kuprina ermordet (Die Leiche wurde am 27. Oktober entdeckt).

- 8. September: Er ermordete die 19-jährige Ira Krarabelnikowa (Die Leiche wurde am 20. September auf dem Land in der Nähe von Schachty gefunden).

- 15. September: Tschikatilo tötete den 15-jährigen Sergej Kusmin (Die Leiche wurde am 12. Januar 1983 gefunden).
- 11. Dezember: Er tötete die zehnjährige Olja Stalmatschenok in Nowotscherkassk (ihre Überreste wurden fünf Monate nach der Tat, am 11. April 1983 gefunden).

1983

- Zwischen dem 15. und 20. Juni ermordete Tschikatilo die 15-jährige Laura Sarkisjan (man fand ihre Leiche bis zum heutigen Tag nicht).

- Im Juli tötete er 2 weitere Menschen, an die genauen Daten konnte sich Tschikatilo jedoch nicht mehr erinnern.

Zuerst starb die 13-jährige Ira Dunenkowa, deren ältere Schwester Tschikatilos kurzzeitige Geliebte war (man fand sie in der Nähe des Flughafens Rostow im Park des Fliegers am 8. August).

Später tötete er auch die 24-jährige Ljuda Kutsjuba (ihre sterblichen Überreste fand man am 12. März 1984 außerhalb von Schachty).

- 8. August: Sein nächstes Opfer war der siebenjährige Igor Gudkow (die Leiche wurde 20 Tage später ebenfalls im Park des Fliegers in Rostow entdeckt).

- 19. September: Er tötete die 22-jährige Walja Tschutschulina (ihre Überreste fand man am 27. November außerhalb von Schachty).

- Sommer/Herbst: Tschikatilo ermordet eine 18- bis 25-jährige Frau, deren Identität nie eindeutig geklärt werden konnte (ihre Leiche fand man im Oktober in der Nähe von Nowotscherkassk).
- 27. Oktober: In einer Bergbaustadt nahe Schachty brachte er Vera Shevkun (19) um. Die Leiche wurde am 30. Oktober gefunden.
- 27. Dezember: Auf seinem Heimweg verschwand Sergei Markov (14). Sein toter Körper wurde am 4. Januar 1984 gefunden.

1984

- 9. Januar: Die 17-jährige Natalja Schalapinina wurde ermordet (Fund der Leiche am 10. Januar im Park des Fliegers in Rostow).

- 21. Februar: Marta Rjabjenko wurde in Schachty ermordet und am selben Tag gefunden.

- 24. März: Dima Ptaschnikow (13) wurde ermordet (Die Leiche wurde am 27. März in dem Nowoschachtinsker Vorort Atx gefunden).

- 25. Mai: Tschikatilo brachte zwei Menschen an einem Tag um, Tanja Petosjan (32 Jahre alt, gefunden am 27. Juni) und ihre elfjährige Tochter Sweta (gefunden am 5. Juni).

- Juni/Juli: Jelena Bakulina (27) wurde ermordet – das genaue Todesdatum lässt sich nicht feststellen.

- 10. Juli: Der 13-jährige Dima Illarionow wurde in Rostow getötet (am 12. August gefunden).

- 19. Juli: Anna Lemeschewa (19) wurde ermordet (6 Tage später in der Nähe von Schachty gefunden).

- Ende Juli: Tschikatilo ermordete die 20-jährige Swetlana Tschana.

- 2. August: Die 16-jährige Natascha Golosowskaja wurde im Park des Fliegers in Rostow ermordet.

- 7. August: Die 17-jährige Ljudmila Aleksejewa wurde umgebracht (Fundort der Leiche am 10. August am linken Ufer des Don).

- 8.-11. August: Auf Geschäftsreise in Usbekistan ermordete Tschikatilo eine unbekannte Frau.
- 13. August: Immer noch in Usbekistan tötet er die 12-jährige Akmarala Sejdaliewa.
- 28. August: Nachdem er zurück zu Hause war, tötete er Alexander Tschepel (11). Der Tatort lag nahe dem des Aleksejewa-Mordes drei Wochen zuvor.

- 6. September: Die 24-jährige Irina Lutschinskaja wurde im Park des Fliegers in Rostow ermordet (Leichenfund einen Tag später).

1985

Am 13. September 1984 wurde Tschikatilo von einem Zivilpolizisten beobachtet, wie er an einer Bushaltestelle versuchte, junge Frauen wegzulocken. Er wurde verhaftet, es konnte ihm die Mordserie aber nicht nachgewiesen werden. Stattdessen wurde er wegen Diebstahls bei seinem Arbeitgeber zu einem Jahr verurteilt, aber bereits nach drei Monaten, am 12. Dezember 1984 wieder entlassen. Er nahm eine neue Arbeit in Nowotscherkassk an und hielt sich von nun an mit weiteren Taten zurück. 1985 gab es zwei nachgewiesene Taten, 1986 gar keine.
- 31. Juli: Natalja Pokhlistova (18) wurde aus einem Zug nahe dem Flughafen Moskau-Domodedowo gelockt. Ihre Leiche fand man am 3. August.
- 27. August: In einer Baumgruppe nahe einer Bushaltestelle in Schachty wurde Irina

Guljaewa (18) umgebracht. Am folgenden Tag fand man ihren toten Körper.

1987

- 16. Mai: Oleg Makarenkow (13) wurde in Swerdlowsk in der heutigen Ukraine Opfer von Tschikatilo. Dieser führte die Ermittler nach seiner Festnahme zu den sterblichen Überresten des Jungen.
- 29. Juli: Während einer Geschäftsreise tötete er Iwan Bilowetschki (12) in Saporischschja. Die Leiche wurde am folgenden Tag gefunden.
- 15. September: In der Oblast Leningrad wurde Juri Tereschonok (16) aus einem Zug gelockt. Auch sein Körper konnte erst durch Tschikatilo nach dessen Festnahme gefunden werden.

1988

- 1.-4. April: Nahe dem Bahnhof von Krasny Sulin wurde eine unbekannte Frau umgebracht, deren Leiche am 6. April gefunden wird. Ihr Alter wurde auf 18-25 geschätzt.
- 15. Mai: Der 9-jährige Aleksei Woronko wurde in der Nähe des Bahnhofes von Ilowajsk (heutige Ukraine) getötet.
- 14. Juli: Erstmals seit 1985 gab es wieder ein Opfer im Umkreis von Rostow. Die Leiche von Jewgeni Muratow (15) wurde neun Monate später, am 10. April 1989 gefunden.

1989

- 8. März: Die 16-jährige Ausreißerin Tatjana Ruzhova aus Krasny Sulin wurde in der Wohnung von Tschikatilos eigener Tochter ermordet.

- 11. Mai: Einen Tag nach seinem achten Geburtstag wurde Alexander Dyakonov im Stadtzentrum von Rostow ermordet. Seine Leiche wurde am 14. Juli gefunden.
- 20. Juni: Östlich von Moskau, in der Oblast Wladimir, wurde Aleksei Moiseew (10) umgebracht. Tschikatilo gab diesen Mord später zu.
- 19. August: Die ungarische Studentin Elena Warga (19), die zu diesem Zeitpunkt bereits Mutter war, wurde aus einem Bus gelockt und in einem Dorf nahe Rostow getötet.
- 28. August: Aleksei Khobotow (10) wurde außerhalb eines Theaters in Schachty letztmals gesehen. Tschikatilo führte die Polizei später zu seinen Überresten.
-

- 1990

- 14. Januar: Andrei Krawtschenko (11) wurde aus einem Kino gelockt und in Schachty ermordet. Seine Leiche wurde am 19. Februar gefunden.

- 7. März: Der junge Jaroslow Makarow (10) wird vom Rostower Bahnhof weggelockt und im örtlichen Botanischen Garten umgebracht.

- 4. April: Von einem Bahnhof nahe Schachty wurde Ljubow Zujewa (31) weggelockt. Ihre sterblichen Überreste wurden am 24. August gefunden.

- 28. Juli: Wenige Meter von der Stelle im Botanischen Garten von Rostow entfernt, an der bereits im März Jaroslow Makarow getötet worden war, starb nun auch Wiktor Petrow (13).
- 14. August: Am Strand von Noerkassk wotschwurde Iwan Fomin (11) ermordet. Seine Leiche wurde drei Tage später gefunden.
- 16. Oktober: Wadim Gromow (16) kam aus Schachty und verschwand während einer Zugfahrt nach Taganrog.
- 30. Oktober: Sein vorletztes Opfer Viktor Tischenko (16) tötete Tschikatilo in Schachty nahe einem kleinen Bahnhof. Während des Kampfes biss Tischenko Tschikatilo in den Finger. Diese Verletzung konnte nach der Festnahme festgestellt und zugeordnet werden.
- 6. November: Swetlana Korostik (22) war das letzte Opfer der Mordserie. Ihre Leiche wurde am 13. November in einem Waldgebiet nahe einem Bahnhof gefunden.

Als an einem Donnerstag, den 3 April 2014, Tommy Lynn Sells im US-texanischen Staatsgefängnis Huntsville durch eine per Gerichtsbeschluss verordnete Giftinjektion vorsätzlich getötet wurde hatte er vielleicht, vielleicht aber auch nicht von dem zehn Jahre zuvor veröffentlichten Manifest der Neurowissenschaftler gehört. In eben diesem Jahr 2004 postulierten Hirnforscher in der Zeitschrift *Gehirn und Geist* dass interne subjektive psychische Prozesse das alleinige Produkt neuronaler Vorgänge sei, die sich in bestimmten Hirnarealen abspielen. Einige Verfechter dieser auch *neuronaler Determinismus* genannten Theorie (denn mehr ist es nicht!!) gestehen dann gar den unterschiedlichsten Straftätern praktisch eine Strafunfähigkeit zu, da sie zum Zeitpunkt ihrer Taten sozusagen das Opfer nicht manipulierbarer physiologischer Vorgänge seien, somit absolut und unter keinen Umständen einen freien Willen besitzen und somit auch keinen bewussten Einfluss auf das neuronale Geschehen haben, und, um es hier abzukürzen, zwangsläufig unter anderem dann auch zu einem Serienmörder mutieren. Diese scheinbare Erkenntnis war aber mehr als Nebenprodukt der durchgeführten Studien entstanden; ging es doch mehr um die alte und bis heute nicht geklärte Frage, ob der Geist (Bewusstsein) den physischen Körper erschafft oder vice versa ? Selbstverständlich kamen die Forscher zu dem einmütigen Agreement, dass das Gehirn ein reines Produkt neuronaler Prozesse sei, bzw. die geistigen und psychischen Vorgänge in einem Menschen. Aber nicht erst seit diesem Zeitpunkt streiten sich Philosophen und Neurowissenschaftler über diese alte Frage.

Die Psychologie hat ihren goldenen Mittelweg gefunden und hält sich aus diesem Disput mehr oder weniger elegant heraus. Sie kann und will wohl auch nicht den *Seelenbegriff* definieren und ist tatsächlich, seit Immanuel Kant die Psychologie vor über 200 Jahren zu einer reinen Naturbeschreibung herabstufte, über eine solche auch nicht weiter hinausgekommen. Unter theologischen Aspekten wollten die Psychologen die Seele eines Menschen nicht interpretieren; und philosophische Ansichten waren ihr wahrscheinlich zu divers und zu theoretisch. So orientierte man sich lieber naturwissenschaftlich-mathematisch. Es wird getestet, vermessen und beschrieben, statistisch erfasst was vermeintlich zu erfassen geht: die Ausbeute ist eher bescheiden.

Außer mehr oder weniger relevant sich darstellenden Statistiken mit denen versucht wird, die vermeintlich wissenschaftliche Validität zu untermauern und dem Ganzen die akademische Zuverlässigkeit und Transparenz zu verleihen, ist die Quintessenz zum betriebenen Aufwand von der Proportionalität her äußerst gering. Es mag wohl noch ausreichen für alltagstaugliche Tipps und Ratschläge die die Vertreter dieser wissenschaftlichen Disziplin dann dem gläubigen Patienten mitteilen; ungleich größer und ohnmächtiger ist die Hilflosigkeit bei „schwereren" Angelegenheiten. Was unser innerstes tiefstes Fühlen und Denken betrifft helfen wenig Messungen und Parameter neurochemischer Art und schon gar keine tiefschürfenden psychologischen Gespräche. Es ist momentan nicht zu erklären. Das ist der derzeitige wissenschaftliche Erkenntnisstand. Alles andere ist, um es hier vorsichtig auszudrücken, nicht exakt.

Natürlich sind die bisherigen Ergebnisse der Neurobiologie und der Neurowissenschaften insgesamt sehr interessant, erklären einige Abläufe und Zustände wenigstens ansatzweise; aber auch nur das. Es ist das bekannte Schaben und Kratzen an der Oberfläche, wie wir noch lesen werden. Es reicht eben nicht aus ein EEG zu schreiben und ein paar Kernspintomografaufnahmen zu studieren und zu interpretieren. Mögen noch so viele Neurotransmitter bei bestimmten Prozessen eine Rolle spielen; es ist und bleibt ein fraktioniertes Ergebnis.

Tommy Lynn Sells erblickte das Licht dieser Welt an einem Sonntag den 28. Juni 1964 im US-amerikanischen Oakland, Kalifornien. Die *Insel des Goldes* wie Kalifornien oftmals übersetzt wird und der Geburtstag der auf einen Sonntag fiel, sollten keine guten Omen für das spätere kurze Leben des Tommy Lynn Sells bedeuten. Denn schon bei seiner Geburt waren seine Zukunftsaussichten recht düster und sollten auch bald die entsprechenden Formen annehmen. Seine Zwillingsschwester Tammy verstarb etwa 1 ½ Jahre nach der Geburt an den Folgen einer Hirnhautentzündung, die auch fast ihren Bruder Tommy dahingerafft hätte;so aber war wenigstens für Tommy Lynn einmal das Glück in die Bresche gesprungen und hatte für sein Überleben gesorgt. Einmal Glück gehabtwie makaber und grotesk zugleich!! In den nächsten Jahren wuchs Sells in sehr zerrütteten familiären Verhältnissen auf. Zunächst für mehrere Jahre versuchte seine Tante einen vernünftigen Menschen aus Tommy zu machen, und später seine Mutter. Beide haben dann wohl kläglich versagt, ohne hier eine persönliche Bewertung vornehmen zu wollen. Das Ergebnis spricht für sich!

Rasch machte Sells erste Bekanntschaft mit Alkohol und Rauschmitteln und später die Erfahrung von einem pädophilen Mitstreiter sexuell missbraucht zu werden. So gut wie keine Startchancen für einen jungen Menschen! Dies sagte sich dann auch eines Tages der junge Tommy, riss mit 14 Jahren von zu Hause aus und tingelte zunächst einmal quer durch die Vereinigten Staaten. Seinen Lebensunterhalt bestritt er durch Gelegenheitsarbeiten und Diebstählen. Es sollte dann noch etwa 1 Jahr vergehen bis Sells seinen ersten Mord beging: ca. 50-60 weitere Tötungen erfolgten in den nächsten 20 Jahren, nach eigenen Angaben von Sells. Polizeilicherseits wurden 13 Morde nachgewiesen, doch konnten aufgrund des langen Zeitraumes nicht alle Morde zweifelsfrei Sells zugeschrieben bzw. nachgewiesen werden. Sells selber konnte sich auch nicht mehr so genau bis ins Detail an jede Tötung erinnern, was seinem exzessiven Alkohol-und Drogenkonsum zugeschrieben wurde. Nach persönlichen Angaben Sells in einem Interview beging er etwa drei bis vier Tötungen pro Jahr.

Tommy Lynn Sells hielt sich auch an kein bewährtes Standardmuster und sein Modus Operandi war von großer Diversität. Er tötete Kinder, Frauen und Männer gleichermaßen, erschlug, erstach, erwürgte und erschoss seine Opfer. Im Jahre 1987 ermordete Sells die vierköpfige Familie Dardeen aus dem US-Staat Illinois. Er erschlug zunächst den dreijährigen Sohn der Familie, dann stürzte er sich auf die hochschwangere Mutter um sie zu vergewaltigen. Diese erlitt daraufhin eine Fehlgeburt und Sells erschlug das Neugeborene und die Frau mit einem Baseballschläger. Zuletzt tötete der Killer den Vater mit einem Kopfschuss und zerstückelte seine Genitalien. Des öfteren tötete Sells Mütter mit Ihren Kindern. So z. B. 1983 und 1991. Kurz vor seiner Verhaftung im Jahre 1999 vergewaltigte und ermordete Sells die 13 .jährige Kaylene Harris. Für diesen Mord wurde er dann auch zum Tode verurteilt.

Tommy Lynn Sells hätte in keines der bestehenden Serienkiller-statistiken gepasst. Es wird auch der Versuch unternommen, Serienmörder und ihre Intelligenz statistisch zu erfassen. Eine meines Erachtens nach unsinnige Zahlenspielerei, denn sehr viele Serienmörder werden erst gar nicht ermittelt und ihrer Strafe zugeführt und viele Serientötungen werden oftmals als solche erst gar nicht erkannt und demzufolge untersucht. Solange also hier auf diesem Gebiet solche Defizite vorherrschen sollten sich die entsprechenden Stellen mit ihren statistischen Spielereien doch etwas diskreter zurückhalten. Das kann kein seriöses und schon gar nicht kriminologisch fundiertes Wissen sein. Wenn sich schon die Kriminologie als wissenschaftlich betrachtet dann sollte sie auch die entsprechenden Standards anwenden, auch wenn diese generell in den Wissenschaften mit äußerster Vorsicht zu sehen sind. Denn Wissenschaft ist nicht immer kongruent mit dem was Wissenschaftler daraus machen und darunter verstehen. Dies lässt sich unschwer am zu erforschenden Objekt der Intelligenz feststellen.

Die sog. Intelligenztests, ein recht dubioses Verfahren zur Feststellung dessen ob Menschen in bestimmten Situationen *„richtig"* reagieren, ist an sich schon mit

Zurückhaltung zur Kenntnis zu nehmen. Diese Testverfahren sind letztlich selber von Menschen konzipiert, entwickelt worden und somit fehlerhaft und fehlbar. Denn unter teils sehr sterilen und fast schon klinischen Bedingungen werden versucht singuläre Ressourcen eines Probanden zu eruieren, die unter anderen Bedingungen, nämlich unter realistischen, wesentlich anders ausfallen würden. Außerdem werden bei diesen Verfahren nicht die gesamtpersönlichen Strukturen und Veranlagungen eines Menschen mit einbezogen. Es werden künstliche Situationen und deren Ergebnisse (**Messergebnisse**) auf das reale Leben bezogen, was natürlich völliger Unfug ist und erst recht jeglicher Logik widerspricht. Doch nicht nur das! Obskurer weise gibt es bis zum heutigen Tage keine allgemeine verbindliche Definition dessen, was eigentlich Intelligenz darstellen soll. Natürlich aber kann solch eine Definition schlauerweise auch nicht getätigt werden, da ein Widerspruch den anderen erzeugen würde!

So zählt z. B. In der Psychologie oder auch in der Pädagogik die sogenannte *intrapersonale Fähigkeit* zu den Intelligenzmodellen, soll heißen, das ein Zugang zum *Selbst* vorliegt. Dieses Selbst wiederum wird als Gesamtheit der psychischen Vorgänge eines Menschen gewertet, sowohl bewusste als auch unbewusste. Somit ist das Selbst die eigene Person in der sie umgebenden Welt mit ihren Objekten. Da bis heute aber noch nicht geklärt ist, ob es überhaupt eine objektive, reale Welt mit realen Objekten gibt ist die Thematik so nicht mit wenigen Worten zu beantworten. Nach den bis dato vorliegenden Erkenntnissen und Interpretationen ist davon auszugehen, dass es keine real existierende

Realität gibt sondern alles im phänomenalen Bereich der Bewusstseinsinhalte zu sehen ist. Doch dazu gleich.

Zuvor müsste dann aber die Psychologie als universitäres Lehr,-und Forschungsfach nach den oben gemachten Ausführungen ihre akademischen Immobilien und Lokalitäten räumen; denn nach den Ausführungen ihrer Kollegen der Abteilung Neurowissenschaften sind wir nicht mehr komplexe Lebewesen in komplexen Situationen und Korrelationen die eben mal mehr oder weniger komplex reagieren und agieren, sondern wandelnde Neuro-chemische Baukästen, die wiederum weniger von ihrer Umwelt und Kultur abhängig sind sondern mehr von dem was sie zu sich nehmen.
Somit ist der Trendslogan „ Du bist was Du isst“ eine fundamentale Quintessenz dieser Hirnforschung. Denn danach wäre eine komplexe, differenzierte oder gar hochmolekulare Nahrung praktisch der Schlüsselweg zur Intelligenz, und gewiss nicht nur zu dieser. Ja alle psychischen Phänomene werden sozusagen göttliche Attribute annehmen und wir würden alle zu Genien ausreifen. Doch leider steht diese von mir gemachte Aussage in einem diametral-eklatanten Widerspruch zur Entwicklung der Menschheit bisher und ihrem Umgang mit sich selber als auch mit ihrer Umwelt. Denn da ist wenig bis keine Intelligenz auszumachen!

Diese letzten Zeilen sind mehr als Satire aufzufassen; es wäre für uns alle ein Segen wenn die Neurowissenschaften dies so formuliert hätten. Aber leider nicht. Und leider nicht sind die anderen gemachten scheinbaren Resultate große Erkenntnisse;

Erbsenzählerei und Augenwischerei treffen hier eher zu, um das Ganze einmal salopp auszudrücken.

Mir ist nicht bekannt ob bei Tommy Lynn Sells jemals ein Intelligenztest durchgeführt wurde oder ob eine Computertomografie seines Gehirns erfolgte um von strukturellen Defekten auf sein mörderisches Verhalten schließen zu wollen.

Denn dieser diagnostische Unfug ist heute sehr en vogue. Naiv wie die Wissenschaft nun mal ist, will man von bestimmten substantiellen Defekten oder Dysfunktionalitäten des Gehirns und seiner Anatomie auf das mögliche Verhalten schließen. Freudig reiben sich Wissenschaftler die Hände und jubilieren nun ein Verfahren zu besitzen, das möglicherweise schon im Vorfeld einen gefährlichen Soziopathen oder eben einen sadistischen Serienkiller prognostizieren kann. *„Mich dünkt, ich hör ein ganzes Chor von hunderttausend Narren sprechen“,* so möchte ich dieses Zitat aus Goethes Faust nehmen und postulieren, das wissenschaftliche Erkenntnisse und Theorien mit äußerster Vorsicht zu sehen sind! Der Leser möge sich immer vor Augen halten, dass die in diesem Buch aufgeführten Theorien und Hypothesen von Wissenschaftlern geäußert werden deren Amtskollegen anderer Disziplinen noch nicht einmal erklären können, warum Menschen Schweißfüße haben und andere einen Schnupfen bekommen. Dem ist so!!

Dann möchte ich nun das Postulat der Neurowissenschaften 2004 abbilden und hier als Zitat verwenden. Es liest sich grandios und überzeugend, ein Manifest das Aufbruchstimmung erzeugt, wir werden alles Wissen über das Gehirn und uns; wer wir sind, was wir sind und um uns schließlich selbst zu erkennen.

Da hatte Buddha vor 2500 Jahren aber schon eine etwas einfachere und weniger komplexe Methode entwickelt mit fast ähnlichen Resultaten, wenn auch etwas anders formuliert! Über 19 Jahre sind nun seit diesem Manifest vergangen; viel getan hat sich nichts, um es vorsichtig und mit allem Respekt auszudrücken. Ernüchternd sind die bisherigen Ergebnisse, in einigen Details recht vielversprechend aber in toto wenig neues, dafür umso mehr neue Fragen.

Hirnforschung im 21. Jahrhundert:
Das Manifest

Was wissen und können Hirnforscher heute?

Angesichts des enormen Aufschwungs der Hirnforschung in den vergangenen Jahren entsteht manchmal der Eindruck, unsere Wissenschaft stünde kurz davor, dem Gehirn seine letzten Geheimnisse zu entreißen. Doch hier gilt es zu unterscheiden: Grundsätzlich setzt die neurobiologische Untersuchung des Gehirns auf drei verschiedenen Ebenen an. Die oberste erklärt die Funktion größerer Hirnareale, beispielsweise spezielle Aufgaben verschiedener Gebiete der Großhirnrinde, der Amygdala oder der Basalganglien. Die mittlere Ebene beschreibt das Geschehen innerhalb von Verbänden von hunderten oder tausenden Zellen. Und die unterste Ebene umfasst die Vorgänge auf dem Niveau einzelner Zellen und Moleküle. Bedeutende Fortschritte bei der Erforschung des Gehirns haben wir bislang nur auf der obersten und der untersten Ebene erzielen können, nicht aber auf der mittleren.
Verschiedene Methoden ermöglichen einen Einblick in die oberste Organisationsebene des Gehirns: Bildgebende Verfahren wie die Positronenemissionstomografie (PET) und die funktionelle Magnetresonanztomografie (fMRT), die den Energiebedarf von Hirnregionen messen, besitzen eine gute räumliche Auflösung, bis in den Millimeterbereich. Zeitlich gesehen hinken sie den Vorgängen allerdings mindestens um Sekunden hinterher. Die klassische Elektroenzephalografie (EEG) dagegen misst die elektrische Aktivität von Nervenzellverbänden quasi in Echtzeit, gibt aber nicht genau Aufschluss über den Ort des Geschehens. Etwas besser – etwa im Zentimeterbereich – liegt die räumliche Auflösung bei der neueren Magnetenzephalografie (MEG), mit der sich die Änderung von Magnetfeldern um elektrisch aktive Neuronenverbände millisekundengenau sichtbar machen lässt. Insbesondere durch die Kombination mehrerer dieser

Technologien können wir das Zusammenspiel verschiedener Hirnareale darstellen, das uns kognitive Funktionen wie Sprachverstehen, Bilder erkennen, Tonwahrnehmung, Musikverarbeitung, Handlungsplanung, Gedächtnisprozesse sowie das Erleben von Emotionen ermöglicht. Damit haben wir eine thematische Aufteilung der obersten Organisationsebene des Gehirns nach Funktionskomplexen gewonnen. Auch hinsichtlich der untersten neuronalen Organisationsebene hat die Entwicklung völlig neuartiger Methoden wie etwa der Patch-clamp-Technik, der Fluoreszenzmikroskopie oder des Xenopus-Oocyten-Expressionssystems zu einem Erkenntnissprung geführt. Inzwischen wissen wir sehr viel mehr über die Ausstattung der Nervenzellmembran mit Rezeptoren und Ionenkanälen sowie über deren Arbeitsweise, die Funktion von Neurotransmittern, Neuropeptiden und Neurohormonen, den Ablauf intrazellulärer Signalprozesse oder die Entstehung und Fortleitung neuronaler Erregung. Selbst was in einem einzelnen Neuron passiert, können wir mit hoher räumlicher und zeitlicher Auflösung analysieren sowie in Computermodellen simulieren. Dies ist von großer Bedeutung für das Grund legende Verständnis der Arbeitsweise von Sinnesorganen und Nervensystemen sowie für die gezielte Behandlung neurologischer und psychischer Erkrankungen.
Zweifellos wissen wir also heute sehr viel mehr über das Gehirn als noch vor zehn Jahren. Zwischen dem Wissen über die obere und untere Organisationsebene des Gehirns klafft aber nach wie vor eine große Erkenntnislücke. Über die mittlere Ebene – also das Geschehen innerhalb kleinerer und größerer Zellverbände, das letztlich den Prozessen auf der obersten Ebene zu Grunde liegt – wissen wir noch erschreckend wenig. Auch darüber, mit welchen Codes einzelne oder wenige Nervenzellen untereinander kommunizieren (wahrscheinlich benutzen sie gleichzeitig mehrere solcher Codes), existieren allenfalls plausible Vermutungen. Völlig unbekannt ist zudem, was abläuft, wenn hundert Millionen oder gar einige Milliarden Nervenzellen

miteinander "reden".

Nach welchen Regeln das Gehirn arbeitet; wie es die Welt so abbildet, dass unmittelbare Wahrnehmung und frühere Erfahrung miteinander verschmelzen; wie das innere Tun als "seine" Tätigkeit erlebt wird und wie es zukünftige Aktionen plant, all dies verstehen wir nach wie vor nicht einmal in Ansätzen. Mehr noch: Es ist überhaupt nicht klar, wie man dies mit den heutigen Mitteln erforschen könnte. In dieser Hinsicht befinden wir uns gewissermaßen noch auf dem Stand von Jägern und Sammlern.

Die Beschreibung von Aktivitätszentren mit PET oder fMRI und die Zuordnung dieser Areale zu bestimmten Funktionen oder Tätigkeiten hilft hier kaum weiter. Denn dass sich all das im Gehirn an einer bestimmten Stelle abspielt, stellt noch keine Erklärung im eigentlichen Sinne dar. Denn »wie« das funktioniert, darüber sagen diese Methoden nichts, schließlich messen sie nur sehr indirekt, wo in Haufen von hundert Tausenden von Neuronen etwas mehr Energiebedarf besteht. Das ist in etwa so, als versuchte man die Funktionsweise eines Computers zu ergründen, indem man seinen Stromverbrauch misst, während er verschiedene Aufgaben abarbeitet.

Vieles spricht dafür, dass neuronale Netzwerke als hochdynamische, nicht-lineare Systeme betrachtet werden müssen. Das bedeutet, sie gehorchen zwar mehr oder weniger einfachen Naturgesetzen, bringen aber aufgrund ihrer Komplexität völlig neue Eigenschaften hervor. Repräsentationen von Inhalten – seien es Wahrnehmungen oder motorische Programme – entsprechen hochkomplexen raumzeitlichen Aktivitätsmustern in diesen neuronalen Netzwerken. Um diesen Signalcode zu entschlüsseln, bedarf es wahrscheinlich paralleler Ableitetechniken, die eine gleichzeitige Messung an vielen Stellen des Gehirns erlauben.

Doch auch wenn viele Geheimnisse noch darauf warten gelüftet zu werden, hat die Hirnforschung bereits heute einige ganz erstaunliche Erkenntnisse gewonnen. Beispielsweise wissen wir im Wesentlichen, was das Gehirn gut leisten kann und wo es an seine Grenzen stößt. Mit am eindrucksvollsten ist seine enorme Adaptions- und Lernfähigkeit, die – und das ist wohl der überraschendste Punkt – zwar mit dem Alter abnimmt, aber bei weitem nicht so stark wie vermutet. Lange Zeit dachte man, die Hirnentwicklung sei irgendwann in der Jugend abgeschlossen und die neuronalen Netzwerke seien endgültig angelegt. Mittlerweile steht aber fest, dass sich auch im erwachsenen Gehirn zumindest im Kurzstreckenbereich – auf der Ebene einzelner Synapsen – noch neue Verschaltungen bilden können. Außerdem können für bestimmte Aufgaben zusätzliche Hirnregionen rekrutiert werden – etwa beim Erlernen von Fremdsprachen in fortgeschrittenem Alter.

Dank dieser Plastizität kann Hans also durchaus noch lernen, was Hänschen nicht gelernt hat – auch wenn es mit den Jahren deutlich schwerer fällt. Die molekularen und zellulären Faktoren, die der Lern-Plastizität zu Grunde liegen, verstehen wir mittlerweile so gut, dass wir beurteilen können, welche Lernkonzepte – etwa für die Schule – am besten an die Funktionsweise des Gehirns angepasst sind. Vor allem aus Tierversuchen wissen wir seit einigen Jahren außerdem, dass sich selbst im erwachsenen Gehirn – zumindest an einigen Stellen – noch neue Nervenzellen bilden. Zum jetzigen Zeitpunkt verstehen wir noch nicht, wie sich bei dieser "Neurogenese" neue Nervenzellen in alte Verschaltungen einfügen und welche Funktion sie dann übernehmen. Die Frage, ob sich eine medikamentös induzierte Neurogenese für ursächliche Therapien von neurodegenerativen Erkrankungen einsetzen lässt, können wir daher im Moment noch nicht beantworten. Wir haben herausgefunden, dass im menschlichen Gehirn neuronale Prozesse und bewusst erlebte geistig-psychische Zustände aufs Engste miteinander zusammenhängen und unbewusste Prozesse bewussten in bestimmter Weise vorausgehen. Die Daten, die mit modernen bildgebenden Verfahren gewonnen wurden, weisen darauf hin, dass sämtliche innerpsychischen Prozesse mit neuronalen Vorgänge in bestimmten Hirnarealen einhergehen – zum Beispiel Imagination, Empathie, das Erleben von Empfindungen und das Treffen von Entscheidungen beziehungsweise die absichtsvolle Planung von Handlungen. Auch wenn wir die genauen Details noch nicht kennen, können wir davon ausgehen, dass all diese Prozesse grundsätzlich durch physikochemische Vorgänge beschreibbar sind. Diese näher zu erforschen, ist die Aufgabe der Hirnforschung in den kommenden Jahren und Jahrzehnten.

Geist und Bewusstsein – wie einzigartig sie von uns auch empfunden werden – fügen sich also in das Naturgeschehen ein und übersteigen es nicht. Und: Geist und Bewusstsein sind nicht vom Himmel gefallen, sondern haben sich in der Evolution der Nervensysteme allmählich herausgebildet. Das ist vielleicht die wichtigste Erkenntnis der modernen Neurowissenschaften.

Was wissen und können Hirnforscher in zehn Jahren?

Was wir in zehn Jahren über den genaueren Zusammenhang von Gehirn und Geist wissen werden, hängt vor allem von der Entwicklung neuer Untersuchungsmethoden ab. Das "Wo" im Gehirn, über das uns heute die funktionelle Kernspintomographie Auskunft gibt, sagt uns noch nicht, "wie" kognitive Leistungen durch neuronale Mechanismen zu beschreiben sind. Für einen echten Fortschritt in diesem Bereich benötigen wir ein Verfahren, das die Registrierung beider Aspekte in einem ermöglicht.

Wie entstehen Bewusstsein und Ich-Erleben, wie werden rationales und emotionales Handeln miteinander verknüpft, was hat es mit der Vorstellung des "freien Willens" auf sich? Die großen Fragen der Neurowissenschaften zu stellen ist heute schon erlaubt – dass sie sich bereits in den nächsten zehn Jahren beantworten lassen, ist allerdings eher unrealistisch. Selbst ob wir sie bis dahin auch nur sinnvoll angehen können, bleibt fraglich. Dazu müssten wir über die Funktionsweise des Gehirns noch wesentlich mehr wissen.

Sehr wohl aber kann es der Hirnforschung innerhalb der

nächsten Dekade gelingen, Erkenntnisse zu erarbeiten, die für
Antworten auf diese übergeordneten Fragen entscheidend sein
werden. So wollen wir herausfinden, wie Schaltkreise von
Hunderten oder Tausenden Neuronen im Verbund des ganzen
Gehirns Information codieren, bewerten, speichern und
auslesen. Die mittlere Ebene – die Untersuchung der
Arbeitsweise von kleineren Bereichen des Nervensystems, von
Mikroschaltkreisen – gelangt also zunehmend in den
Mittelpunkt der Forschung. Das bisher übliche Verfahren,
solche Fragen an Gehirnschnitten zu untersuchen, gehört dann
wahrscheinlich der Vergangenheit an, da es nur
Momentaufnahmen in einem nicht mehr als Ganzen
funktionierenden Schaltwerk darstellen kann. Stattdessen
können wir in zehn Jahren wahrscheinlich die räumliche und
zeitliche Verteilung von neuronaler Erregung bis auf die Ebene
aller beteiligten Neurone in einem Mikroschaltkreis mit
bildgebenden Verfahren hoher zeitlicher Auflösung im intakten
Nervensystem erfassen. Multiple-Photonenmikroskopie,
funktionelle Farbstoffe und molekulargenetische Methoden
versetzen uns in die Lage, die Regeln des Informationsflusses
innerhalb einzelner Neurone und im Verbund von Neuronen zu
erkennen.
Voraussetzung für all diese Experimente ist aber, dass die
untersuchten Tiere – denn an diesen werden die Versuche vor
allem stattfinden – nicht narkotisiert sind und aufgrund
schmerzfreier Verfahren ihr natürliches Verhalten zeigen. Nur
dann ist es möglich, die Hirnaktivität dieser Tiere beim aktiven
Lösen von Aufgaben zu beobachten und dabei die wichtigste
Funktion des Gehirns, seine Produktivität und Spontaneität, in
die Analyse miteinzubeziehen.
Ganz wesentlich unterstützt wird das Verständnis der
Arbeitsweise von Mikroschaltkreisen durch eine detailreiche
Modellierung mit Hochleistungsrechnern. Diese Modellierung
orientiert sich zukünftig allerdings weniger an den heutigen
Konzepten der Informatik und künstlichen Intelligenz als

vielmehr an den wirklichen physiologischen Vorgängen. Und zwar nicht nur an denen der unteren Ebene – einzelnen Neuronen mit ihren Ausstattungen an Kanälen und Rezeptoren, ihren wahren Gestalten und ihren plastischen Eigenschaften –, sondern vor allem auch an den neuronalen Prozessen der bisher noch so wenig verstandenen mittleren Ebene, wie sie beim Lernen, beim Erkennen und Planen von Handlungen vorkommen. So wird sich neben der experimentellen Neurobiologie die theoretische Neurobiologie als Forschungsdisziplin durchsetzen, die dann ähnlich wie die theoretische Physik innerhalb der Physik eine große Eigenständigkeit besitzt.

Am Ende der Bemühungen werden die Neurowissenschaften sozusagen das kleine Ein-Mal-Eins des Gehirns verstehen. Daraus lassen sich dann strenge Hypothesen zum Studium übergeordneter Hirnfunktionen ableiten: beispielsweise wie das Gehirn seine zahlreichen Subsysteme so koordiniert, dass kohärente Wahrnehmungen und koordinierte Aktionen entstehen können. Ohne diesen entscheidenden Zwischenschritt über die "mittlere" Organisationsebene bleiben die Aussagen über den Zusammenhang zwischen neuronal beobachtbarer Aktivität und kognitiven Leistungen weiterhin spekulativ.

Vor allem was die konkreten Anwendungen angeht, stehen uns in den nächsten zehn Jahren enorme Fortschritte ins Haus. Wahrscheinlich werden wir die wichtigsten molekularbiologischen und genetischen Grundlagen neurodegenerativer Erkrankungen wie Alzheimer oder Parkinson verstehen und diese Leiden schneller erkennen, vielleicht von vornherein verhindern oder zumindest wesentlich besser behandeln können. Ähnliches gilt für einige psychische Krankheiten wie Schizophrenie und Depression. In absehbarer Zeit wird eine neue Generation von Psychopharmaka entwickelt werden, die selektiv und damit hocheffektiv sowie nebenwirkungsarm in bestimmten Hirnregionen an definierten Nervenzellrezeptoren angreift. Dies könnte die Therapie psychischer Störungen revolutionieren – auch wenn von der Entwicklung zum anwendungsfähigen Medikament noch etliche weitere Jahre vergehen werden.

Zudem werden Neuroprothesen wie intelligente Ersatzgliedmaßen oder das künstliche Ohr immer weiter perfektioniert. In zehn Jahren haben wir wahrscheinlich eine künstliche Netzhaut entwickelt, die nicht im Detail programmiert ist, sondern sich nach den Prinzipien des Nervensystems organisiert und lernt. Das wird unseren Blick auf das Sehen, auf die Wahrnehmung, vielleicht auf alle Organisationsprozesse im Gehirn tief greifend verändern.

Ebenso werden uns die zu erwartenden weiteren Fortschritte in der Hirnforschung vermehrt in die Lage versetzen, psychische Auffälligkeiten und Fehlentwicklungen, aber auch Verhaltensdispositionen zumindest in ihrer Tendenz vorauszusehen – und "Gegenmaßnahmen" zu ergreifen. Solche Eingriffe in das Innenleben, in die Persönlichkeit des Menschen sind allerdings mit vielen ethischen Fragen verbunden, deren Diskussion in den kommenden Jahren intensiviert werden muss.

Was werden Hirnforscher eines Tages wissen und können? In absehbarer Zeit, also in den nächsten 20 bis 30 Jahren, wird die Hirnforschung den Zusammenhang zwischen neuroelektrischen und neurochemischen Prozessen einerseits und perzeptiven, kognitiven, psychischen und motorischen Leistungen andererseits soweit erklären können, dass Voraussagen über diese Zusammenhänge in beiden Richtungen mit einem hohen Wahrscheinlichkeitsgrad möglich sind. Dies bedeutet, dass man widerspruchsfrei Geist, Bewusstsein, Gefühle, Willensakte und Handlungsfreiheit als natürliche Vorgänge ansehen wird, denn sie beruhen auf biologischen Prozessen.

Eine "vollständige" Erklärung der Arbeit des menschlichen Gehirns, das heißt eine durchgängige Entschlüsselung auf der zellulären oder gar molekularen Ebene, erreichen wir dabei dennoch nicht. Insbesondere wird eine vollständige

Beschreibung des individuellen Gehirns und damit eine Vorhersage über das Verhalten einer bestimmten Person nur höchst eingeschränkt gelingen. Denn einzelne Gehirne organisieren sich aufgrund genetischer Unterschiede und nicht reproduzierbarer Prägungsvorgänge durch Umwelteinflüsse selbst – und zwar auf sehr unterschiedliche Weise, individuellen Bedürfnissen und einem individuellen Wertesystem folgend. Das macht es generell unmöglich, durch Erfassung von Hirnaktivität auf die daraus resultierenden psychischen Vorgänge eines konkreten Individuums zu schließen.

Im Endeffekt könnte sich eine Situation wie in der Physik ergeben: Die klassische Mechanik hat deskriptive Begriffe für die Makrowelt eingeführt, aber erst mit den aus der Quantenphysik abgeleiteten Begriffen ergab sich die Möglichkeit einer einheitlichen Beschreibung. Auf lange Sicht werden wir entsprechend eine "Theorie des Gehirns" aufstellen, und die Sprache dieser Theorie wird vermutlich eine andere sein als jene, die wir heute in der Neurowissenschaft kennen. Sie wird auf dem Verständnis der Arbeitsweise von großen Neuronenverbänden beruhen, den Vorgängen auf der mittleren Ebene. Dann lassen sich auch die schweren Fragen der Erkenntnistheorie angehen: nach dem Bewusstsein, der Ich-Erfahrung und dem Verhältnis von erkennendem und zu erkennenden Objekt. Denn in diesem zukünftigen Moment schickt sich unser Gehirn ernsthaft an, sich selbst zu erkennen. Dann werden die Ergebnisse der Hirnforschung, in dem Maße, in dem sie einer breiteren Bevölkerung bewusst werden, auch zu einer Veränderung unseres Menschenbildes führen. Sie werden dualistische Erklärungsmodelle – die Trennung von Körper und Geist – zunehmend verwischen. Ein weiteres Beispiel: das Verhältnis von angeborenem und erworbenem Wissen. In unserer momentanen Denkweise sind dies zwei unterschiedliche Informationsquellen, die unserem Wahrnehmen, Handeln und Denken zu Grunde liegen. Die Neurowissenschaft der nächsten Jahrzehnte wird aber ihre innige Verflechtung aufzeigen und herausarbeiten, dass auf der mittleren Ebene der Nervennetze eine solche Unterscheidung gar keinen Sinn macht. Was unser Bild von uns Selbst betrifft, stehen uns also in sehr absehbarer Zeit beträchtliche Erschütterungen ins Haus.

Geisteswissenschaften und Neurowissenschaften werden in einen intensiven Dialog treten müssen, um gemeinsam ein neues Menschenbild zu entwerfen.

Aller Fortschritt wird aber nicht in einem Triumph des neuronalen Reduktionismus enden. Selbst wenn wir irgendwann einmal sämtliche neuronalen Vorgänge aufgeklärt haben sollten, die dem Mitgefühl beim Menschen, seinem Verliebtsein oder seiner moralischen Verantwortung zugrunde liegen, so bleibt die Eigenständigkeit dieser "Innenperspektive" dennoch erhalten.

Denn auch eine Fuge von Bach verliert nichts von ihrer Faszination, wenn man genau verstanden hat, wie sie aufgebaut ist. Die Hirnforschung wird klar unterscheiden müssen, was sie sagen kann und was außerhalb ihres Zuständigkeitsbereichs liegt, so wie die Musikwissenschaft – um bei diesem Beispiel zu bleiben – zu Bachs Fuge Einiges zu sagen hat, zur Erklärung ihrer einzigartigen Schönheit aber schweigen muss.

Das Manifest
© **Gehirn und Geist**
Magazin | 13.10.2004 |
http://www.spektrum.de/thema/das-manifest/852357

Nach der Lektüre dieses Manifestes kann der unvoreingenommene und wissenschaftsgläubige Mensch vor lauter vermeintlich klugen und hochintellektuellen Erkenntnissen und Prophezeiungen seinen sich fast schon in Kiefersperre befindlichen offenen Mund vor lauter Verzückung und freudiger Erregung kaum schließen!
Ein Feuerwerk von Theorien, scheinbaren neuen Erkenntnissen und hochspirituellen Heilsversprechungen wird dem Leser mitgeteilt. Endlich werden Alzheimer und Parkinson geheilt sein, neurodegenerative andere Erkrankungen des Zentralen Nervensystems werden besiegt, Blinde werden wieder sehen können und Gehörlose wieder die wunderbare Welt der Töne genießen können, Schizophrene und Depressive können ihre einsame Innenwelt verlassen und hochkomplexe Neuroprothesen werden bald im Supermarkt mit entsprechenden Rabatten der Krankenkassen zu erstehen sein. Wir werden eine neue Welt erleben, ein neues Menschenbild werden wir formen müssen: der menschliche Geist war nur eine Illusion, unsere Gefühle, Ansichten, Reaktionen, unsere Liebe zu uns selbst und zu anderen: alles Illusion bzw. das Werk neuronaler Vorgänge die wiederum durch molekulare Aktivitäten generiert wurden!!! Last but not Least sind wir das Ergebnis einer wunderbar linear verlaufenden Evolution die die Krone der Schöpfung hervorgebracht hat!! Wow, wenn das kein Statement ist!?

(Friedrich Schiller, Gelehrte Gesellschaften)

Das vollbrüstige Sinfonieorchester der wissenschaftlichen Töne ist dann gut 19 Jahre später immer noch auf dem Niveau eines Rummelplatz-Schützenzuges. So gut wie nichts ist eingetroffen. Nach wie vor tut man sich schwer die hochkomplexen Funktionen und Abläufe bei innerpsychischen Prozessen zu definieren, zu orten und zu interpretieren. Anatomie hat eben nicht immer mit Physiologie zu tun: wir sehen zwar mit den Augen, doch sind diese praktisch nur eine Verlängerung des Gehirns. Erst dort wird ein fertiges Bild zusammengesetzt, wobei hier sofort dazu gesagt werden muss das der Sehvorgang an sich auch noch nicht hinreichend erklärt ist. Ebenso verhält es sich mit dem Hören, Riechen, Schmecken.
Nachfolgend nun wieder eine längere Zitatpassage die die Aussagen des Manifestes auf ihre Gültigkeit interpretiert hat. Ich muß dies hier so darstellen, damit der Leser tunlichst auf dem neuesten wissenschaftlichen Kenntnisstand zurückgreife und Vergleiche ziehen kann.

Memorandum „Reflexive Neurowissenschaft"
Psychologie Heute

„Vor 10 Jahren, im Jahr 2004 wurde der Öffentlichkeit ein Manifest von Neurowissenschaftlern präsentiert, das eine äußerst optimistische Zukunftsperspektive der Hirnforschung erkennen ließ. Unter anderem sollten neue Neurotechnologien die Enträtselung des Gehirns und damit des Geistigen ermöglichen, und für die klinische Praxis sollten bald effektivere und nebenwirkungsärmere Psychopharmaka entwickelt werden. Schließlich sollte ein neues, wissenschaftlich fundiertes Menschenbild entstehen.
Die heutige Bilanz fällt aus unserer Sicht allerdings eher enttäuschend aus. Eine Annäherung an gesetzte Ziele ist nicht in Sicht. Die Ursachen dafür gehen weit über organisatorisch-technische Schwierigkeiten hinaus und liegen einerseits an Schwächen im Bereich der Theorie der Neurowissenschaft, andererseits an zu wenig durchdachten naturalistischen Vorannahmen und Konzepten, die wünschenswerte Brückenschläge zur Psychologie, Philosophie und Kulturwissenschaft nachhaltig erschweren.
Bereits die oftmals unzulängliche Unterscheidung von notwendigen und hinreichenden Bedingungen hat auf vielen Feldern zur Überschätzung eigener Erklärungsansprüche geführt: Selbstverständlich ist ohne Gehirn alles nichts, aber das Gehirn ist nicht alles, denn es benötigt den Körper, und der Körper benötigt die Umwelt. Aussagen wie „Psychische

Prozesse beruhen auf Gehirnprozessen" führen uns nicht weiter, denn psychische Prozesse benötigen auch die Atmung, den Blutkreislauf usw.

Auch die Verkürzung der Psychologie auf alltagsweltliche Begriffe und Konzepte und auf einfache Experimente ist problematisch. So bleibt oft unbeachtet, ob die experimentelle Operationalisierung einer Funktion den psychologischen Inhalt dieser Funktion zutreffend widerspiegelt. Außerdem zeigt die Forschung, dass eine psychische Funktion (z.B. Sehen) an mehreren Gehirnorten realisiert ist und dass andererseits ein Gehirnort an mehreren Funktionen beteiligt ist.

Damit werden mehrere Schwierigkeiten einer eindeutigen Zuordnung psychischer Funktionen zu Hirnstrukturen erkennbar. Dies beruht auf dem Netzwerkcharakter des Gehirns. Dieser Aspekt muss ausdrücklicher als zuvor durch die Einbindung der Systemwissenschaft berücksichtigt werden. Sie kann als mathematisch fundierte Disziplin helfen, die Funktionsweise des Gehirns als System zu verstehen.

Das Gehirn ist ja aus Milliarden von zellulären Schaltkreisen aufgebaut, die eine hochkomplexe Signalaktivität aufweisen.

Um Gehirnfunktionen angemessen verstehen zu können, ist daher eine enge und institutionalisierte Zusammenarbeit von Biologie, Psychologie und Systemwissenschaft erforderlich, und zwar unter essenzieller Beteiligung der Philosophie mit ihren Facetten der Anthropologie, Philosophie des Geistes und Wissenschaftstheorie. Eine bloße Ergänzung der (neuro)biologischen Beschreibung durch einige psychologische und geisteswissenschaftliche

Randaspekte ginge am Ziel vorbei. Nur wenn die klinische Praxis, also Psychiater und Neurologen, in die Forschung eingebunden wäre, könnte die nötige Transdisziplinarität zustande kommen, die eine neue, diskursive und reflexive (nachdenkliche) Neurowissenschaft entstehen lässt, die auch ihre eigenen Grundlagen hinterfragen und ihre Grenzen erkennen kann.

Letztlich ist die Reduktion des Menschen und all seiner intellektuellen und kulturellen Leistungen auf sein Gehirn als „neues Menschenbild" völlig unzureichend. In diesem einseitigen Raster ist der Mensch als Subjekt und Person in seiner Vielschichtigkeit nicht mehr zu fassen. Es ist immer die ganze Person, die etwas wahrnimmt, überlegt, entscheidet, sich erinnert usw., und nicht ein Neuron oder ein Cluster von Molekülen.

1. Einleitung

Im Jahr 2004 wurde ein anspruchsvolles „ Manifest der Neurowissenschaftler " verfasst, das ein optimistisches Bild der damaligen Lage und von zukünftigen Optionen der Neurowissenschaften skizzierte (www.gehirn-und-geist.de/manifest). So wisse man bereits, welche Lernkonzepte – etwa für die Schule – die besten seien (S. 33). Das Manifest beeindruckte unsere wissenschaftliche Öffentlichkeit tief, sodass es nun 10 Jahre nach dieser Positionierung besonders interessant ist, seine Aussagen und die anvisierten Ziele zu überprüfen. Das Manifest war ein wichtiger Impuls, diese Forschungsrichtung sehr ernst zu nehmen, es wurden

Erwartungen geweckt, aber auch Widersprüche hervorgerufen.

Die Bilanz des mittlerweile Erreichten ist allerdings ernüchternd. Das liegt aber nicht nur an mangelnden methodischen Durchbrüchen, unerwartet zeitaufwendiger Entwicklungsarbeit für Medikamente, fehlenden Forschungsgeldern, unzureichenden Organisationsstrukturen der Forschung und auch an der „zu kurzen" Zeitspanne, sondern zu großen Teilen an wissenschaftssystematischen Schwierigkeiten der Neurowissenschaften. Wären die unbefriedigenden Ergebnisse allein durch technische und organisatorische Probleme bedingt, dann wären vielleicht die Ziele noch nicht erreicht, aber eine Annäherung an diese wäre erkennbar. Das Ausbleiben einer solchen Entwicklung liegt auch nicht daran, dass eine differenzierte Fachlichkeit nicht leicht in einer gehobenen Umgangsprache abzubilden ist oder dass Medien die Aussagen überzeichnet hätten. Es liegt im Wesentlichen an Unzulänglichkeiten im Bereich der Theorie und Methodologie der Neurowissenschaften. Die genauere Betrachtung des Manifests „Im Jahr 2004 legte eine Gruppe von Neurowissenschaftlern ein Manifest zur Lage und Zukunft ihrer Forschungsrichtung vor. Sie prophezeiten ihrer Disziplin großartige Fortschritte in Diagnostik, Therapie und Grundlagenforschung. Heute, zehn Jahre später, ziehen namhafte Neurowissenschaftler eine eher ernüchternde Bilanz.

Vor 10 Jahren, im Jahr 2004 wurde der Öffentlichkeit ein Manifest von Neurowissenschaftlern präsentiert, das eine äußerst optimistische Zukunftsperspektive der Hirnforschung erkennen ließ. Unter anderem sollten neue Neurotechnologien die Enträtselung des Gehirns und damit des Geistigen ermöglichen, und für die klinische Praxis sollten bald effektivere und nebenwirkungsärmere Psychopharmaka entwickelt werden. Schließlich sollte ein neues, wissenschaftlich fundiertes Menschenbild entstehen.

Die heutige Bilanz fällt aus unserer Sicht allerdings eher enttäuschend aus. Eine Annäherung an gesetzte Ziele ist nicht in Sicht. Die Ursachen dafür gehen weit über organisatorisch-technische Schwierigkeiten hinaus und liegen einerseits an Schwächen im Bereich der Theorie der Neurowissenschaft, andererseits an zu wenig durchdachten naturalistischen Vorannahmen und Konzepten, die wünschenswerte Brückenschläge zur Psychologie, Philosophie und Kulturwissenschaft nachhaltig erschweren.

Bereits die oftmals unzulängliche Unterscheidung von notwendigen und hinreichenden Bedingungen hat auf vielen Feldern zur Überschätzung eigener Erklärungsansprüche geführt: Selbstverständlich ist ohne Gehirn alles nichts, aber das Gehirn ist nicht alles, denn es benötigt den Körper, und der Körper benötigt die Umwelt. Aussagen wie „Psychische Prozesse beruhen auf Gehirnprozessen" führen uns nicht weiter, denn psychische Prozesse benötigen auch die Atmung, den Blutkreislauf usw.

Auch die Verkürzung der Psychologie auf alltagsweltliche Begriffe und Konzepte und auf einfache Experimente ist problematisch. So bleibt oft unbeachtet, ob die experimentelle

Operationalisierung einer Funktion den psychologischen Inhalt dieser Funktion zutreffend widerspiegelt. Außerdem zeigt die Forschung, dass eine psychische Funktion (z.B. Sehen) an mehreren Gehirnorten realisiert ist und dass andererseits ein Gehirnort an mehreren Funktionen beteiligt ist. Damit werden mehrere Schwierigkeiten einer eindeutigen Zuordnung psychischer Funktionen zu Hirnstrukturen erkennbar. Dies beruht auf dem Netzwerkcharakter des Gehirns. Dieser Aspekt muss ausdrücklicher als zuvor durch die Einbindung der Systemwissenschaft berücksichtigt werden. Sie kann als mathematisch fundierte Disziplin helfen, die Funktionsweise des Gehirns als System zu verstehen. Das Gehirn ist ja aus Milliarden von zellulären Schaltkreisen aufgebaut, die eine hochkomplexe Signalaktivität aufweisen.

Ue Aufgabe, sondern m Gehirnfunktionen angemessen verstehen zu können, ist daher eine enge und institutionalisierte Zusammenarbeit von Biologie, Psychologie und Systemwissenschaft erforderlich, und zwar unter essenzieller Beteiligung der Philosophie mit ihren Facetten der Anthropologie, Philosophie des Geistes und Wissenschaftstheorie. Eine bloße Ergänzung der (neuro)biologischen Beschreibung durch einige psychologische und geisteswissenschaftliche Randaspekte ginge am Ziel vorbei. Nur wenn die klinische Praxis, also Psychiater und Neurologen, in die Forschung eingebunden wäre, könnte die nötige Transdisziplinarität zustande kommen, die eine neue, diskursive und reflexive (nachdenkliche) Neurowissenschaft entstehen lässt, die auch ihre eigenen Grundlagen hinterfragen und ihre Grenzen erkennen kann.

Letztlich ist die Reduktion des Menschen und all seiner intellektuellen und kulturellen Leistungen auf sein Gehirn als „neues Menschenbild" völlig unzureichend. In diesem einseitigen Raster ist der Mensch als Subjekt und Person in seiner Vielschichtigkeit nicht mehr zu fassen. Es ist immer die ganze Person, die etwas wahrnimmt, überlegt, entscheidet, sich erinnert usw., und nicht ein Neuron oder ein Cluster von Molekülen.

führt nämlich zu der Vermutung, dass Hirnforscher oft von impliziten erkenntnistheoretischen und wissenschaftstheoretischen Annahmen ausgehen, die sie das Erklärungspotenzial der Hirnforschung überschätzen lassen.

Wären diese Ansprüche und ihre Probleme nur von theoretischer Bedeutung, so wäre eine Diskussion weniger wichtig. Offensichtlich hat aber die Öffentlichkeit aus vielerlei Gründen an den praktischen Erfolgen der Hirnforschung großes Interesse. Die Klärung des wahren Potenzials der Neurowissenschaft sowie der Bedingungen, unter denen sich dieses Potenzial am besten entwickeln kann, ist deshalb keine rein akademische Aufgabe, sondern m Gehirnfunktionen angemessen verstehen zu können, ist daher eine enge und institutionalisierte Zusammenarbeit von Biologie, Psychologie und Systemwissenschaft erforderlich, und zwar unter essenzieller Beteiligung der Philosophie mit ihren Facetten der Anthropologie, Philosophie des Geistes und Wissenschaftstheorie. Eine bloße Ergänzung der (neuro)biologischen Beschreibung durch einige psychologische und geisteswissenschaftliche Randaspekte ginge am Ziel vorbei. Nur wenn die klinische Praxis, also Psychiater und Neurologen, in die Forschung eingebunden wäre, könnte die nötige Transdisziplinarität zustande kommen, die eine neue, diskursive und reflexive (nachdenkliche) Neurowissenschaft entstehen lässt, die auch ihre eigenen Grundlagen hinterfragen und ihre Grenzen erkennen kann.

2. Gesellschaftliche Bedeutung

Psychiatrische und neurologische Erkrankungen machen nach Einschätzung der WHO heute einen Großteil aller Erkrankungen aus. Diese Situation wird sich noch verschärfen. Deshalb wird von klinisch tätigen Ärzten sowie von Patienten und deren Angehörigen nichts sehnlicher erwartet als Fortschritte der Neurowissenschaften. Auch bestehen gesellschaftliche Erwartungen zur Frage der neurobiologischen Früherkennung und Einschätzung von potenziellen Gewalttätern. Schließlich ist das Verständnis des Gehirns von größter Bedeutung für das anthropologische Selbstverständnis des Menschen. Mit unseren Konzepten vom Gehirn und dem Geistigen ist die rechtliche, soziale und kulturelle Ordnung unserer

Gesellschaft eng verbunden. Es geht also um nichts weniger als die Frage: Was ist der Mensch?

3. Einige Feststellungen und Prognosen des Manifests

Was haben nun die Neurowissenschaftler damals versprochen, und was haben sie gehalten? Blickt man 10 Jahre zurück, so sind zwar Fortschritte in der Neurobiologie erkennbar, aber es ist nicht viel Sensationelles in Forschung und Praxis zu vermelden. Das Manifest prognostiziert hingegen (S. 36): „In absehbarer Zeit wird eine neue Generation von Psychopharmaka entwickelt, die selektiv in bestimmten Hirnregionen an definierten Nervenzellrezeptoren angreift. Dies könnte die Therapie psychischer Störungen revolutionieren."

Für die Behandlung psychiatrischer und neurologischer Erkrankungen sind Medikamente zwar ein wichtiger Bestandteil der Therapie. Es war aber bereits vor 10 Jahren bekannt, dass spezielle Medikamente, ob sie auf einen oder mehrere spezifische Rezeptortypen einwirken, keine wesentliche therapeutische Effektsteigerung bringen und darüber hinaus problematische Nebenwirkungen auslösen können. Die Schwierigkeit für die aktuell eher stagnierende Entwicklung von Psychopharmaka besteht darin, dass die molekularen

Hirnmechanismen, die beim Auftreten von psychischen Erkrankungen relevant sind, in vielfältiger Weise funktionell eng miteinander verbunden sind. Diese molekularen Netzwerke erschweren auch das Verstehen der psychischen Wirkung von Drogen.

Derzeit ist bei verschiedenen psychiatrischen und neurologischen Erkrankungen die Anwendung von Elektroden zur tiefen Hirnstimulation sehr beliebt. Dieses Verfahren ist bereits aus Tierexperimenten der 1960er Jahre bekannt. Die heutige breite Anwendung dieser Methode lässt jedoch erkennen, dass sie zwar effektiv, aber nur verhältnismäßig unspezifisch wirksam ist. Auch das ist durch die hochgradige Vernetzung neuronaler Schaltkreise erklärbar. Das entsprechende Konzept vom Gehirn als Netzwerk hat in den letzten Jahren zu der Vorstellung krankheitsspezifischer Netzwerktypen geführt, wobei diese Grundhypothese mangels systematischer empirischer Daten noch nicht gut belegt ist. Lernende künstliche Netzhäute des Auges und Neuroprothesen, wie sie im Manifest gelobt werden (S. 36), sind weiterhin eher Zukunftsmusik. Bisherige Erfolge beschränken sich auf wenige Fälle, in denen nur eine rudimentäre Wiederherstellung von Funktionen gelungen ist.

Zweifellos haben in den vergangenen 10 Jahren einige Bereiche der Neurologie, vor allem die

Neurochirurgie und die Neurorehabilitation, einen guten Fortschritt gemacht. Eingriffe sind heute möglich, von denen man vor einigen Jahren nur träumen konnte. Doch betrachtet man diese Fortschritte genauer, so findet man ihren Grund in der Entwicklung der Technik, allem voran der digitalen Technologien, und nicht im erweiterten Wissen über die zugrunde liegenden Prozesse im Gehirn.

Auch in der experimentellen Hirnforschung ist technisch-apparativ einiges vorangekommen: Wenn man auf die Optogenetik blickt, auf Multi-Elektroden-Ableitungen, auf das Fibertracking und Untersuchungen im Ruhezustand („resting state"), auf Methoden der Identifikation der Verbindungen von Gehirngebieten etwa in Form des Projekts des Human Connectome, auf das Human Brain Project als Programm der Rekonstruktion des menschlichen Gehirns – dann liefert all dies immer detailliertere Beschreibungen. Und das ist gut so! Die Hirnforschung scheint allerdings von der Grundannahme auszugehen, dass mit höherer Detailtreue der Empirie auch das Verständnis der Mechanismen zunimmt. Da ist zu fragen: Bedeuten mehr „Daten", in gleichem Maße mehr „erklären" und „verstehen" zu können? Diese Fragen berühren das philosophische Gebiet der Wissenschaftstheorie. Die Einbindung entsprechender philosophischer

Kompetenzen könnte zu vertiefter Reflexion über das Erkenntnispotenzial

4. Die Verortung des Psychischen im Gehirn

Zu dem jahrhundertealten Projekt, Zuordnungen zwischen psychischen Funktionen und Gehirnstrukturen zu treffen, sagen die Autoren des Manifests, dass sie „…eine thematische Aufteilung der obersten Organisationsebene des Gehirns nach Funktionskomplexen“ gewonnen hätten (S. 31). Damit nicht genug (S. 33): „Die Daten, die mit modernen bildgebenden Verfahren gewonnen wurden, weisen darauf hin, dass sämtliche innerpsychischen Prozesse mit neuronalen Vorgängen in bestimmten Hirnarealen einhergehen – zum Beispiel Imagination, Empathie, dem Erleben von Empfindungen und dem Treffen von Entscheidungen beziehungsweise der absichtsvollen Planung von Handlungen.“ Hier ist zunächst erkennbar, dass unausgesprochene philosophische Überzeugungen zum ontologischen Verhältnis von innerpsychischen Prozessen und Gehirnvorgängen einfließen. Es wird außerdem unterstellt, dass „sämtliche“ psychischen Funktionen, also auch alle Emotionen bereits experimentell untersucht worden sind. Das ist schlichtweg unzutreffend, sodass diese Aussage bestenfalls als Hypothese, aber nicht als Befund zu werten ist. Zum anderen wäre es falsch, den Sachverhalt eines „Einhergehens" als Beweis kausaler Zusammenhänge zu verstehen. Tatsächlich gehört es zu den Grundtatsachen der mathematischen Statistik, dass Korrelationen allein keine Kausalität begründen. Psychische Phänomene gehen auch mit der Aktivität des Herzen, des vegetativen Nervensystems und der gesamten Muskulatur einher. So wie man im Prinzip ohne Hirnrinde nicht denken kann, kann man ohne Arme keine Bäume fällen, ohne Beine nicht gehen und ohne Augen nicht sehen. Es ist außerdem sicher, dass auch der Neurowissenschaften führen.molekulare und elektrische Prozesse in Gliazellen mit psychischen Prozessen „einhergehen". Die Gleichsetzung des Gehirns mit Nervenzellen, womöglich sogar nur mit solchen der Großhirnrinde, ist also bereits eine zu eng gefasste Reduktion, denn letztlich könnten auch Sauerstoff und Glukose als notwendige Bedingungen der Gehirnaktivität und damit von psychischen Prozessen angesehen werden. Findet man deshalb parallel zu psychischen Prozessen und Zuständen Gehirnaktivitäten, dann ist deren Spezifität nachzuweisen. Andernfalls gleitet man in unzeitgemäße Trivialitäten ab.

Es zeigt sich darüber hinaus bereits seit Jahrzehnten, dass eine eindeutige Struktur-Funktion-Zuordnung mit erheblichen Unschärfen verbunden ist. Das stellt sich besonders eindrucksvoll am Beispiel des Sehens dar, an dem mehr als 30 Hirnareale mit etwa 900

Verbindungswegen beteiligt sind. Es verwundert daher auch nicht, dass ein Gehirnareal wie der präfrontale Kortex multiple Funktionen wie Sehen, Bewerten, Gedächtnis, usw. aufweist. Die Frage, auf welcher Organisationsebene und mit welcher Ortsauflösung einzelne psychische Funktionen realisiert werden, dürfte deshalb am Problem vorbeigehen. Hier setzen bereits die neueren Konnektivitätsanalysen an. Das Gehirn ist wegen seiner hochgradigen Rückkopplung seiner Areale als ein operational geschlossenes System – oder aktueller formuliert: als ein „Netzwerk" – zu charakterisieren. Sinngemäß gilt somit grundsätzlich: Eine psychische Funktion wird an mehreren Gehirnorten realisiert, und ein Gehirnort ist an mehreren Funktionen beteiligt.

Darüber hinaus müssen die psychologischen Termini, die neurobiologisch „erklärt" werden sollen, vorher genau abgegrenzt und auch messtechnisch definiert werden. Nur so können sie von dem unscharfen Bedeutungsfeld der gehobenen Umgangssprache abgegrenzt werden. Anders gesagt: Die Qualität der Zuordnung einer Funktion zu einer Struktur hängt wesentlich von der Präzision der Definition des jeweiligen Funktionsbegriffs ab. Um z.B. Aufmerksamkeit bestimmten Orten im Gehirn zuzuordnen, muss man zuerst klären, was die Aufmerksamkeit wissenschaftlich-psychologisch gesehen ist. Bei entsprechenden

Präzisierungsbemühungen geht aber leicht der Bezug zum phänomenalen Erleben abhanden, was die Gültigkeit der Aussagen zusätzlich mindert. Dieses Problem ist vor allem für die Psychiatrie bedeutsam, da eine „Verortung" psychischer Krankheiten im Gehirn bisher oft nicht oder nur zum Teil gelungen ist und aus den genannten Gründen auch kaum zu erwarten ist. Es ist also festzustellen, dass die methodologischen Probleme der Zuordnungen von Strukturen und Funktionen, wie sie in der modernen Philosophie des Gehirn-Geist-Problems diskutiert werden, von den Neurowissenschaftlern nur unzureichend berücksichtigt worden sind.

Die Vernachlässigung der erkenntnistheoretischen Problematik, in der Hirnforschung Struktur-Funktion-Beziehungen herzustellen, die grundlegend in der Perspektivendifferenz zwischen der subjektiven Erste-Person-Perspektive und der objektiven Dritte-Person-Perspektive bestehen zeigt zugleich, dass die Forschungsressourcen zu wenig in wichtige Bereiche der Grundlagenforschung gelenkt werden: Es müsste nämlich mehr in den Bereich der Theorie des Gehirns investiert werden, statt nahezu ausschließlich auf die Ausweitung der Datenbanken zu setzen, die bereits so komplex sind, dass sie kaum mehr übersehbar und damit auch immer weniger verstehbar sind.

5. Methodologische Grundfragen – das Gehirn-Geist-Problem

Die Autoren des Manifests erwecken den Eindruck, bereits über die Lösung des Gehirn-Geist-Problems zu verfügen (S. 33): „Wir haben herausgefunden, dass im menschlichen Gehirn neuronale Prozesse und bewusst erlebte geistig-psychische Zustände ... auf das Engste miteinander zusammenhängen und unbewusste Prozesse bewussten in bestimmter Weise vorausgehen." Wen wundert es? Die Einsicht der Hirnabhängigkeit psychischer Prozesse reicht im Prinzip teilweise bis Hippokrates und - was das Unbewusste betrifft - bis Sigmund Freud und sogar bis Friedrich Nietzsche zurück. Sie ist also nicht der modernen Neurowissenschaft zu verdanken, obwohl sie nun eng mit Letzterer verknüpft ist. Es ist klar: „Ohne Gehirn ist alles nichts!" Man hat jedoch noch nie von „freilaufenden" Gehirnen gehört. Das heißt „ Das Gehirn ist nicht alles. " Ohne Körper und ohne Bezüge zu dessen Umgebung ist es auch ein „Nichts"! Das entspricht nicht nur der Alltagsrealität, sondern auch heutigen anerkannten analytischen Positionen der Philosophie des Geistes. Es geht also nicht um das „Dass", sondern um das „Wie" des „Zusammenhängens" und des „Vorausgehens".

Dazu führen die Autoren des Manifests aus (S. 33): „Auch wenn wir die genauen Details noch nicht kennen, können wir davon ausgehen, dass all diese

Prozesse grundsätzlich durch physikochemische Vorgänge beschreibbar sind." Das ist Metaphysik, aber nicht empirische Neurobiologie. Beispielsweise hohe Dopamin- und Endorphinkonzentrationen in bestimmten Gehirnregionen einem Lustzustand zuzuordnen bedeutet nicht, dass psychische Phänomen Lust als physikochemisches Phänomen treffend „beschreiben" zu können. Außerdem bedeutet eine Beschreibung noch keine wissenschaftliche Erklärung: Man kann z.B. Geldscheine physikalisch als Papierstücke beschreiben, aber ihre Erklärung ist nur mithilfe der Wirtschaftswissenschaft möglich.

Dennoch behaupten die Autoren des Manifests (S. 36): „Das bedeutet, man wird widerspruchsfrei …. Geist, Bewusstsein, Gefühle, Willensakte und Handlungsfreiheit als natürliche Vorgänge ansehen, denn sie beruhen auf biologischen Prozesse." Es fragt sich bei dieser Behauptung, etwa in Hinblick auf die Willensfreiheit, wie es möglich ist, „freie" und „unfreie" biologische Prozesse voneinander zu unterscheiden. Aber vor allem ist die Vermischung von notwendigen und hinreichenden Bedingungen schwerwiegend, da in einem sehr trivialen Sinne alle menschlichen Leistungen „auf biologischen Prozessen beruhen", denn man muss z.B. atmen, um etwas zu leisten, woraus jedoch nicht folgt, dass alle menschlichen Leistungen als Atmung „angesehen" werden können. Hier zeigen sich also allzu einfache Verursachungstheorien.

Es wird sogar gesagt (S. 33): „Geist und Bewusstsein sind nicht vom Himmel gefallen, sondern haben sich in der Evolution des Nervensystems allmählich herausgebildet … das ist vielleicht die wichtigste Erkenntnis der modernen Neurowissenschaften …“ Mit derartigen spekulativen Aussagen wird, vom Leser unbemerkt, der Übergang von der Naturwissenschaft zur Naturphilosophie und letztlich zur Metaphysik vollzogen. Und die evolutionsbiologische Aussage, dass das Bewusstsein sich im Laufe der Geschichte der Arten entwickelte, hat wenig zu tun mit einer neurobiologischen Aussage, dass wir das Funktionieren dieses Bewusstseins auch nur annähernd verstehen.

Aber schließlich folgt mit einem Anflug von epistemischer Selbstbegrenzung die überraschende Aussage (S. 33): „…Nach welchen Regeln das Gehirn arbeitet; wie es die Welt so abbildet, dass unmittelbare Wahrnehmung und frühere Erfahrung miteinander verschmelzen; wie das innere Tun als ,seine' Tätigkeit erlebt wird und wie es zukünftige Aktionen plant, all dies verstehen wir nach wie vor nicht einmal in Ansätzen. Mehr noch: Es ist überhaupt nicht klar, wie man dies mit den heutigen Mitteln erforschen könnte.“

Es ist in der Tat eine große Herausforderung, zu verstehen, „ wie ein Gehirn seine zukünftigen Aktionen plant," denn wir kennen „Planen" nur beim Menschen und bei intelligenteren Tieren. Das sind jedoch komplexe Organismen, nicht einzelne, vom Körper abgekoppelte Organe, die weder Sinnes- noch Ausdrucksfunktionen aufweisen. Ein Gehirn kann sich deshalb auch nichts „merken". Die Eigenschaft, auf eine erneute Reizung stärker zu reagieren, ist als solche ebenso wenig schon der Ausdruck einer „Gedächtnisfunktion", wie es die Eigenart einer Fensterscheibe ist, nach einem Steinwurf einen Sprung aufzuweisen. Beachtet man diesen Unterschied nicht, so ist der Weg in einen allgemeinen Animismus nicht mehr weit, der doch gerade durch die Aufklärung, zu deren hartem Kern die Neurowissenschaft gehören möchte, beseitigt werden sollte. Nicht das Gehirn erlebt, sondern der Mensch.

6. Theoretische Herausforderungen

Ein grundsätzliches Problem der Hirnforschung besteht also darin, dass sie derzeit noch über keine differenzierte und übergreifende Gehirntheorie verfügt. Sie muss daher mit fokalen Hypothesen operieren, welche zu Schlussfolgerungen führen, die nicht selten übermäßig generalisiert werden. Ein

Beispiel dafür ist die Frage nach der Sprache des Gehirns (S. 33):

„Um diesen Signalcode zu entschlüsseln, bedarf es wahrscheinlich paralleler Ableitetechniken, die eine gleichzeitige Messung an vielen Stellen des Gehirns erlauben". Es wird also wiederum auf technologische Fortschritte gesetzt, wobei das prinzipielle Problem übersehen wird, wie die damit gemessenen komplexen Aktivitätsmuster „entschlüsselt" werden können. Die bei der Analyse komplexer Datensätze anwendbaren mathematischen Methoden steigern nämlich an sich und nach allem, was wir heute wissen, den Erkenntniswert nicht wesentlich über die Aussage hinaus, dass das Gehirn ein extrem komplexes dynamisches System ist, dessen Besonderheiten bei neurologischen und psychiatrischen Erkrankungen sich der unmittelbaren Anschauung noch immer entziehen. Störungen wichtiger „Gehirnmarker" (EEG, evozierte Potenziale) lassen sich häufig nur auf der Ebene mathematischer Transformationen identifizieren. Des Öfteren fehlt dabei – und dies ist wesentlich – das Verständnis der betreffenden Wirkmechanismen. Die allgemeine Akzeptanz einer theoretischen Neurobiologie, ähnlich der theoretischen Physik, ist demnach erst in der Zukunft zu erwarten. Die Autoren des Manifests waren hier weitaus optimistischer (S. 33):

„So wird sich neben der experimentellen Neurobiologie die theoretische Neurobiologie als Forschungsdisziplin durchsetzen, die dann ähnlich wie die theoretische Physik innerhalb der Physik eine große Eigenständigkeit besitzt.

Wir meinen, dass die obige Behauptung zwar auf eine sehr wünschenswerte, aber leider noch nicht erreichte Situation zielt. Bei diesem Projekt der Etablierung einer theoretischen Neurowissenschaft, die auf der Computational Neuroscience aufbauen kann, kommt der Einbindung der bereits interdisziplinär und durchaus mathematisch operierenden Systemforschung bzw. Systemwissenschaft eine Schlüsselrolle zu, insofern sie ausdrücklich den Systemcharakter des Gehirns berücksichtigt: Die zirkuläre, rückgekoppelte Kausalität im Gegensatz zur kaskadierten Kausalität und ebenso die unterschiedlichen Skalen, auf denen sich unterschiedliche Phänomene abspielen, sind Schlüsselprobleme im Verstehen der Gehirnprozesse, da vor allem durch verzögerte Rückkopplungsprozesse komplexe Aktivierungsmuster entstehen können. Eine entsprechende nichtlineare Dynamik kann bereits bei zwei unterschiedlich operierenden rückgekoppelten Elementen auftreten (Aktivator-Inhibitor-System). Zum Beispiel: Ein Aktivator eines zugeschalteten Inhibitors empfängt von diesem über die Rückkopplung eine Hemmung, welche die Aktivität *des Aktivators mindert. Dies führt in der Folge zur Minderung der Aktivität des Inhibitors, sodass der Inhibitor mit seiner Rückkopplung den Aktivator wieder weniger hemmt, der nun wieder stärker aktiv werden kann usw. Ein solches Minisystem kann also oszillierendes Verhalten zeigen. Wenn man nun bedenkt, dass bei zirka 10^{11} Neuronen mit ihren insgesamt zirka 10^{14} Schaltstellen jedes Neuron durchschnittlich nach drei oder vier dazwischengeschalteten Neuronen wieder ein Feedback bekommt, dann wird verständlich, dass, solange die Hirnforschung noch nicht von starken Theorien mit zugehöriger Begriffsbildung geleitet wird, die gesamte neuronale Netzwerkdynamik unübersehbar und unverstehbar bleiben muss. Denkt man weiterhin an die Vielzahl der Gliazellen, dann wird das Ausmaß des Nichtverstehens der Prozesskomplexität des Gehirns noch deutlicher. Das war auch 2004 - , seit den Darlegungen von Kybernetikern wie Valentino von Braitenberg und Heinz von Foerster - bereits 20 Jahre lang bekannt.*

Woran es also fehlt, ist eine Fundierung der Neurowissenschaften durch eine systemische Methodologie, die nicht nur die äußerst potenten, aber damit oft komplizierten mathematischen Methoden nutzt, sondern auch die erkenntnistheoretische Seite des Verstehens komplexer, sich nicht linear verhaltender Systeme behandelt. Der kompetente Umgang mit Computersimulationen als Heuristik kann dabei ein wichtiges Hilfsmittel sein. Mathematik als solche ist in diesem Zusammenhang nicht ausreichend, denn parallel dazu sind konzeptuelle Theorieentwicklungen nötig. Derartige Gehirntheorien müssten allerdings wieder auf die Ebene der Allgemeinverständlichkeit und des qualitativen Verstehens zurückgeführt werden können, damit die notwendig interdisziplinäre Arbeit insgesamt Erkenntnisgewinne einbringt. Dies bedeutet nicht nur eine Herausforderung an die Mathematik, und zwar wegen der nötigen Interdisziplinarität auch in offener, gegenseitiger Verständlichkeit. Außerdem ist eine viel engere Zusammenarbeit zwischen Experiment und per se mathematisch ausgerichteter Theorie erforderlich.

7. Menschenbild – Gebiet der philosophischen Anthropologie

Die Autoren des Manifests glauben, dass die Neurobiologie das Menschenbild verändern wird (S. 36):

„Was unser Bild von uns selbst betrifft, stehen uns in sehr absehbarer Zeit beträchtliche Erschütterungen ins Haus." Man werde ja erkennen und verstehen, „wie [das Gehirn] das innere Tun als ‚seine' Tätigkeit erlebt ... und wie es zukünftige Aktionen plant ... (S.

33). Diese Aussage lässt erkennen, dass hier der Mensch mit seinem Gehirn gleich gesetzt oder darauf reduziert wird. Es wird dem Gehirn die Fähigkeit des Organismus, des Menschen zugeschrieben, was ähnlich abwegig ist, wie einen Transistor bereits als Radio anzusehen. In der Alltagssprache ist es gang und gäbe, geistige Funktionen einzelnen Körperteilen („Meine Ohren können seine Reden nicht mehr hören!") oder sogar Außenobjekten („Mein Auto freut sich, wenn es diese Autobahn fährt") metaphorisch zuzuordnen. Ist das „neue Menschenbild", in dem nicht ich, sondern mein Gehirn sieht, fühlt und Handlungen plant, tatsächlich mehr als eine solche Metapher? Bringt uns die einfache Umschreibung der Funktionen vom Geist auf das Gehirn wirklich weiter? Was ist gewonnen, wenn wir sagen „Mein Mandelkern ist im Erregungszustand" statt „Ich fürchte mich"? Das metaphorische Denken ist für die Wissenschaft unentbehrlich, aber es lassen sich damit keine sachlichen Zusammenhänge begründen. Es ist, wie Bennett und Hacker (2003) sagten, völlig in Ordnung, vom „Fuß" eines Berges zu sprechen, solange man nicht nach dessen Schuh sucht.

Allerdings ist im Manifest auch Bescheidenheit zu erkennen (S. 36): „Insbesondere wird eine vollständige Beschreibung des individuellen Gehirns und damit eine Vorhersage über das Verhalten einer bestimmten Person nur höchst eingeschränkt gelingen. Denn einzelne Gehirne organisieren sich aufgrund genetischer Unterschiede und nicht reproduzierbar Prägungsvorgänge durch Umwelteinflüsse selbst, und zwar auf sehr unterschiedliche Weise, individuellen Bedürfnissen und   einem individuellen Wertesystem folgend." Hier werden plötzlich neben rein biologischen Ursachen die Ursachen ganz anderer – sozialer, ethischer – Ebenen eingeführt (Werte), und das bedeutet, dass die Autoren bereit sind, ihr gerade aufgebautes hirndeterministisches Menschenbild zugunsten eines anderen, integrativen aufzugeben, denn „Geisteswissenschaften und Neurowissenschaften werden in einen intensiven Dialog treten müssen, um gemeinsam ein neues Menschenbild zu entwerfen" (S. 37).

Diesem Satz stimmen wir vollständig zu, aber es genügt nicht, ihn als Fußnote wissenschaftlichen Erklärungen hinzuzufügen. Denn dieser Dialog muss organisiert und institutionalisiert werden, aber zunächst nur, um zu überprüfen, ob wirklich ein neues Menschenbild erforderlich ist. Es sind vielmehr wesentliche neurowissenschaftliche Befunde mit Fachvertretern zu diskutieren, die aus verschiedenen Bereichen kommen und die jeweils einen Einblick in einen anderen, angrenzenden Bereich haben. Auf diese Weise wäre die erforderliche integrative Interdisziplinarität realisierbar und nicht nur eine assoziative Interdisziplinarität. Das allerdings wird *durch die bisweilen zu starre fakultäre Struktur von Universitäten behindert – beispielsweise wären hier interdisziplinäre Zentralinstitute hilfreich!*

8. Disziplinäre Zuständigkeit

Welche wissenschaftlichen Welche Disziplinen sind den Neurowissenschaften zuzuordnen? Genügt es, einfach den gemeinsamen Gegenstand, nämlich das Gehirn als Kriterium zu wählen? Welche Position haben dann die Psychologie und jene Disziplinen, die über das Medium Sprache mit den Versuchspersonen arbeiten und dabei also nur indirekt Hirnfunktionen und nicht etwa elektrische Gehirnaktivität messen und prüfen? Ist ein derartiger Methodenmix hinreichend aussagekräftig? Diese Fragen lassen sich durch die Analyse der spezifischen Fachbegriffe, Methoden und Modelle klären. Dabei sind die Mathematik und Methodik der Systemwissenschaft mit ihrer Kompetenz der Analyse komplexer dynamischer Systeme äußerst hilfreich.

In Hinblick auf diese Aufgaben erscheint uns vor allem die Einbindung der *Philosophie* wichtig, insofern sie eine jahrhundertelange Erfahrung mit Grundfragen zu unserem Wissen von der Welt hat, und im Besonderen zu Fragen des *Menschenbildes* (philosophische Anthropologie), der *Ethik* und der *Wissenschaftstheorie* wertvolle Erkenntnisse *einbringen kann. Eine Aufgabe der Philosophie ist, alltagsweltliche und wissenschaftliche Weltbilder zu verbinden, auch was ethische Aspekte betrifft. Philosophie kann auf diese Weise den Neurowissenschaften vor allem Anregungen zur Nachdenklichkeit geben, um der Gefahr eines methodisch-technischen Aktionismus und drohender Überinterpretation naturwissenschaftlicher Befunde zu begegnen. Diese philosophische Betrachtungsweise fehlt im Konzept der Neurowissenschaftler, so wie sie sich im Manifest äußerten.*

Wir meinen daher, dass eine weitgefasste Neurobiologie, die experimentelle, klinische und theoretische Arbeitsansätze beinhaltet, gemeinsam mit der Psychologie, der Systemwissenschaft und der Philosophie die beste Basis für eine nachdenkliche („reflexive") Neurowissenschaft bzw. für eine interdisziplinär fundierte „Neurophilosophie" ausmacht, die nötig ist, die Neurobiologie bei ihrer weiteren Entwicklung zu begleiten. Multidisziplinär qualifizierte Akteure in dieser Plattform der Nachdenklichkeit könnten eine bessere Anschlussfähigkeit garantieren, um nicht in Einseitigkeiten und Polarisierungen unnötig Kräfte zu verlieren. Diese Praxisform einer auf Kooperation ausgerichteten Neurowissenschaft wäre sogar als „nichtreduktive" Neurowissenschaft zu bezeichnen.

9. Fazit: Auf dem Weg zu einer reflexiven Neurowissenschaft

Jetzt scheint ein wichtiger Zeitpunkt der Zäsur des damals im Manifest Angedachten zu sein. Es zeigt sich als entscheidender Mangel, dass bislang keine empiriegestützte Gehirntheorie im Sinne einer umfassenden Gesamtschau entwickelt werden konnte. Angesichts beeindruckender Fortschritte der formalen Methoden in der Hirnforschung scheint dies eine seltsame Behauptung zu sein. Die Erfolge der mathematisch begründeten Neurowissenschaften beschränken sich jedoch auf die Vorhersage wohldefinierter sensorischer und kognitiver Leistungen. Von einer Erklärung der gesamten subjektiven Aspekte der Hirntätigkeit (im Manifest: „Geist, Bewusstsein, Gefühle, Willensakte und Handlungsfreiheit") sind wir jedoch noch immer weit entfernt. Die Klärung der entsprechenden Begriffe versuchen die Philosophie und die Geistes- und Gesellschaftswissenschaften seit langem.

Die erfolgreiche Theorieentwicklung in den Neurowissenschaften kann daher nur auf einer interdisziplinären Basis stattfinden. Das setzt aber voraus, dass sowohl Geisteswissenschaftler den empirischen Wissenschaften offen gegenüberstehen müssten, wie sich auch Hirnforscher von den Spuren einer Missachtung gegenüber den nicht-experimentierenden Wissenschaften befreien sollten.

Einige dieser Wissenschaften mögen arm an empirischen Daten sein, sie können aber dafür wichtige Kompetenzen in der kritischen Interpretation der Befunde, in der sorgfältigen Formulierung der empirisch zu erforschenden Fragen besitzen, die, wie wir sehen, der noch jungen Hirnforschung so oft fehlen. Interdisziplinarität als integrierte Kultur ist also nötig; weder eine „friedliche Koexistenz" verschiedener (neurobiologischer, psychologischer, philosophischer) Ansichten noch assoziative Konsortien reichen aus. Transdisziplinarität, die auch die praktischen Erkenntnisse der klinischen Neurofächer einbindet, wäre allerdings besonders wertvoll. Auf diese Weise könnten Neurowissenschaftler in einer nichtreduktiven Weise mehr der nötigen Nachdenklichkeit praktizieren und eine „reflexive Neurowissenschaft" realisieren. Die Unterzeichner des vorliegenden Textes bemühen sich seit mehreren Jahren um einen derartigen inter- und transdisziplinären Diskurs und sehen dieses Memorandum als Anstoß, diesen Diskurs zu konsolidieren".

Psychologie Heute- Memorandum Reflexive Neurowissenschaft

https://www.psychologie-heute.de/home/lesenswert/memorandum-reflexive-neurowissenschaft/

Das *Memorandum* zum *Neurowissenschaftlichen Manifest* erklärt eindeutig und unmissverständlich wo es im neurowissenschaftlichen Erkenntnistross arg rumpelt. Ich möchte hier nun nicht allzu sehr auf die einzelnen Kritikpunkte eingehen und sie kommentieren. Sie sprechen für sich und sind allemal nachvollziehbar. Nur einige kleine Beispiele möchte ich anführen. Die medikamentöse Therapie bei Alzheimer-erkrankungen oder dementiellen Syndromen allgemein sind bis zum heutigen Tage sehr fragwürdig hinsichtlich ihrer Wirksamkeit und Zweckmäßigkeit wie unlängst in internationalen Studien nachgewiesen wurde. Wenige Funktionen werden wenn überhaupt nur marginal beeinflusst und wenn dann um den Preis von erheblichen Nebenwirkungen die diese Medikamente selbstverständlich hervorrufen. Somit werden diese Patienten, und nicht nur diese, eigentlich gar nicht „richtig" therapiert, sondern gelten mehr als gute Einnahmequelle für Pharmakonzerne, etwas überspitzt ausgedrückt. Die stereotaktischen Operationen bei Parkinson-patienten, die mittels eines Hirnschrittmachers und elektrischer Impulse zum normalen Laufen und weniger Zittern gebracht werden sind recht überschaubar was ihre Wirksamkeit und Quantität angeht.
Aber wie fast immer überschätzt hier eine Medizin ihre eigenen Möglichkeiten. Man kann einfach nicht in ein sich selbstregulierendes lebendes System eingreifen und meinen es steuern oder gar im Krankheitsfalle heilen zu können. Deshalb frage ich mich an dieser Stelle ob sich Wissenschaftler eigentlich an ihre wissenschaftstheoretischen Grundsätze halten oder

diese einfach vergessen wollen oder gar müssen? Diese Frage bleibt zu beantworten.

Doch nun nochmals zurück zu Tommy Lynn Sells. Hätte er sich also auf dieses Manifest berufen können, er wäre trotzdem getötet worden. Und hätte man bei ihm strukturelle Veränderungen seines Gehirns festgestellt, es wäre schwerlich eine Kausalität zu seinen Taten festgestellt worden. Wohin dieser diagnostische Unfug führt, werde ich noch an anderer Stelle mit einem anderen Beispiel anführen können. Blieben dann noch seine sozialen und zwischenmenschlichen Schwierigkeiten die seine Vita von vorneherein zum Scheitern bringen mussten? Möglich. Aus der Sicht des normalen rechtschaffenen Menschen mit seinem künstlichen Menschenbild, das ihm vorgegeben wurde und wird, ist eine nur sehr vage verstehensweise ableitbar. Aus einem sicheren sozialen Gefüge heraus ist immer schnell ein pauschales Urteil gefällt. Manchmal zu schnell!

Was bleibt nun als Resümee über einen Tommy Lynn Sells zu sagen?

Die vermeintlichen Ursachen seines Tuns und die schwere Deformierung seiner Persönlichkeit werden mit den konventionellen medizinischen und kriminologischen Daten und Interpretationen scheinbar erklärt. Aber auch nur scheinbar! Wie insgesamt im Bereich der Kausalität werden wir auch hier nur wieder an einem mehr oder weniger willkürlichen Punkt eine Zäsur vornehmen müssen, um überhaupt eine vage Stellungnahme tätigen zu können. Ich habe bereits darauf hingewiesen.

Alles was wir als Menschen wahrnehmen das schließlich zur Ausbildung unseres Wissens führt, ist nur eine bedingte Qualität, keine reine und objektive Erkenntnis. Allein der Sehprozess, rein isoliert betrachtet, ist letztendlich ein mentaler Vorgang. Das Sehen spielt sich somit nicht im Auge oder auf der Netzhaut ab, sondern im Gehirn. Die Netzhaut des Auges ist nichts anderes als Hirngewebe. Aber auch hier gilt: Keinem Ding liegt eine Realität zugrunde. Alles spielt sich nur im Bewusstsein ab und ist abhängig vom subjektiven Bewertungsmuster. Um es einmal ganz plump auszudrücken: *Dass, was ich nicht sehe, berührt mich auch nicht.*

Sein ureigenstes inneres Geschehen konnte einen kleinen unschuldigen Jungen zu einem mordenden mitleidlosen Menschen deformieren.

Die angeführten Umstände in seiner Kindheit mögen nunmehr als bedingte Ursachen anzusehen sein; sie sind nicht die wahren Triebfedern. Viele große aber auch eben so viele kleine Verletzungen und Irritationen führen schließlich zu einem Prozess, der in der Entwicklung eines Bewusstseins verheerende Auswirkungen haben kann. Somit schließe ich dieses Thema mit einem Zitat von Friedrich Schiller

Mein bester Sohn! Es ist nicht immer möglich, im Leben sich so kinderrein zu halten, wie's uns die Stimme lehrt im Innersten. In steter Notwehr gegen arge List bleibt auch das redliche Gemüt nicht wahr. Das eben ist der Fluch der bösen Tat, daß sie, fortzeugend, immer Böses muß gebären".

"Bei der zu bevorzugenden Tatbestandsfeststellung kommt es nicht so sehr darauf an, daß die absolute Wahrheit eruiert wird, sondern daß des Streitens ein Ende werde. Hätte das Suchen nach dem wirklichen Tatbestand, das Forschen nach der Wahrheit kein Ende - und wie könnte es ein Ende haben, da dem Menschen doch absolute Wahrheit unerreichbar bleibt -, dann würde das gerechteste Recht im Prozess seiner Anwendung vereitelt. Darum will das positive Recht vor allem eine Friedensordnung sein. Auch im Interesse von Ruhe und Sicherheit muß es ausgeschlossen sein, daß jeder beliebige seine subjektive Meinung über das, was gerecht sei, an Stelle der von der berufenen Autorität gesetzten Normen stellen dürfe. Anstelle des Ideals der Gerechtigkeit tritt mit dem Prinzip der Rechtskraft das Ideal des Friedens. Und dieses Friedensideal ist dem Gerechtigkeitsideal direkt entgegengesetzt."

HANS KELSEN, Aufsätze zur Ideologiekritik, Neuwied 1964,

Um es an dieser Stelle des Buches zu erwähnen:
Die Taten eines Serienmörders sind natürlich grausam, gnadenlos, brutal, unmenschlich und und und...
Ich könnte jetzt weitere unzählige Attribute der gruseligen Art hinzufügen , sie anschaulich schildern und darstellen! Doch dann hätte ich wohl besser einen Kriminalroman verfassen sollen. Selbstverständlich sind die Taten schrecklich, aber ebenso banal ist die Erkenntnis, dass eben ein gütiger und herzlicher Mensch diese Handlungen nicht begehen würde.
Oder doch ? Und fast schon eine infantile Feststellung ist der Aspekt, dass Serienmörder ein „zweites Gesicht" besitzen, das sich hinter der Fassade des freundlichen und hilfsbereiten Nachbarn ein wahres Monster verbergen könnte. Einige Autoren schildern diesen Umstand als ob es ein bahnbrechendes neues Phänomen wäre, eine epochale Entdeckung die ihresgleichen sucht. Natürlich wird ein Täter nicht zähnefletschend und mit verzerrter Grimasse umherlaufen, womöglich noch mit einem vor Blut triefenden Messer in der Hand. Viele dieser Täter waren zum Zeitpunkt ihrer Taten bzw. dazwischen äußerst sympathisch und nett, wurden als zuvorkommend beschrieben und höflich.
Wir alle haben ein zweites Gesicht: ein privates, ein berufliches, ein familiäres... usw usw. Dies immer explizit zu erwähnen ist überflüssig und wenig sachdienlich. Und noch ein Wort zu Interviews mit Serienmördern. Viele Publizisten führen vermeintlich hochinteressante Befragungen mit inhaftierten Serienmördern durch, um deren wahre Gründe und Motive ihrer Taten zu erfahren, sich ein Bild dieses Menschen machen zu können und den dabei

entstehenden Anblick des bösen in Persona noch schauderhafter darstellen zu können. Ich denke, das man von diesen Menschen nichts mehr Neues erfahren wird, was nicht schon bekannt wäre und in vielen Niederschriften und Gutachten fixiert ist. Dies ist reine Effekthascherei, füllt natürlich auch die Seiten eines Buches und bringt effektiv keine neuen Erkenntnisse.

Auch ich war in Arkadien geboren,
Auch mit hat die Natur
An meiner Wiege Freude zugeschworen,
Auch ich war in Arkadien geboren,
Doch Tränen gab der kurze Lenz mir
nur...."

(Friedrich Schiller-Resignation)

Wesley Allan Dodd hatte wahrscheinlich und insgeheim für sich alleine auch schon darüber nachgedacht, was es für Ihn bedeutet hätte, wenn die Attribute Arkadiens bei seiner Geburt bzw. bei seinem heranreifen sich entfaltet hätten und wenn, ja, wenn er etwas mehr Glück gehabt hätte!

Doch noch nicht einmal ein Bruchteil, ein verschwindend geringer Bruchteil dieser Natur Arkadiens das im poetischen Sinne Glückseligkeit und Frieden bedeutet, wurde eingelöst. Wenn das geschehen wäre, müsste man heute vielleicht anders über Wesley Allan Dodd schreiben; wenn das alles geschehen wäre...! Was dann aber geschah hatte keine Gemeinsamkeiten mit der dichterischen Umschreibung der griechischen Landschaft Arkadien zu tun. Glückseligkeit und Frieden fand Dodd nur dann, wenn er kleine Jungen tötete, sie erstach oder erwürgte um vorher seine sexuellen Fantasien an ihnen auszuleben.

Dodd wurde an einem Montag, den 5.Juli 1963 in der Kleinstadt Toppenish im US-amerikanischen Bundesstaat Washington geboren.

Gut 31 Jahre später wurde er dann 190 km weiter östlich von Toppenish, im Staatsgefängnis der Stadt Walla Walla, ebenda Staat Washington, durch den Strang exekutiert. Dodd konnte im Gegensatz zu seinen Opfern, seine Art zu sterben, selber bestimmen. Er konnte wählen zwischen einer tödlichen Giftinjektion oder dem Galgen. Der Mörder entschied sich für die Methode durch den Strang zu sterben, wohl in Anlehnung an die Tötung seines dritten Opfers, des vier Jahre alten Jungen Lee Iseli. Dodd hatte den Kleinen entführte, ihn missbraucht und dann erwürgt. Nach der für Dodd lustbesetzten und überaus erregenden Tat hängte er den Jungen dann in seinem Kleiderschrank auf, um die Leiche am nächsten Tag entsorgen zu können.

Wie bei vielen anderen Serienmördern auch,wuchs Dodd in wenig geordneten familiären Verhältnissen auf. Trotz drei weiterer Geschwister entwickelte Er sich recht schnell zu einem Einzelgänger. Seine Eltern, Jim und Carrol Dodd ließen sich im Jahre 1976 scheiden, wobei der Vater dann eine suizidale Handlung überlebte. Dodd musste aufgrund seiner geringen Körpergröße viel Spott und Hohn über sich ergehen lassen, was dann wohl zu seiner Introversion und seiner Zurückgezogenheit von anderen geführt hat. Erste Auffälligkeiten zeigten sich dann in der Pubertät in Form von Exhibitionismus. Er belästigte mit ihm verwandte Kinder um sich später dann auf kleine Jungen zu fixieren.

Dodd entwickelte im Laufe der Jahre immer mehr sexuelle Fantasien und zunächst imaginäre Gewaltszenen, die dann in zahlreichen, rund 50 Fällen von sexuellem Missbrauch an Kindern in die Realität umgesetzt wurden und schließlich in drei äußerst brutalen Tötungsdelikten einen traurigen Höhepunkt erreichte. Dodd führte sogar ein Tagebuch über seine Taten und unterlegte diese teils auch fotografisch.

Die ersten Tötungen nahm der Serientäter dann in der Stadt Vancouver (Staat Washington) vor. In einem Parkgelände lauerte Dodd den beiden 10 und 11 Jahre alten Brüdern Cole und William Neer auf. Die beiden Jungen, die mit ihren Fahrrädern unterwegs waren, wurden beide sexuell missbraucht und anschließend brutal erstochen. Im Gegensatz zu seinem Bruder überlebte der kleine William zunächst die todbringende

Attacke des Killers, verstarb aber später während des Transportes ins Krankenhaus an seinen diversen Verletzungen.

Dodd, zunächst erleichtert und befriedigt, konnte seinen Zustand aber nicht allzu lange auskosten. Denn schon kurz nach dem Doppelmord überkam ihn wieder die Mordlust. Etwa vier Wochen später verschwand der vier Jahre alte Lee Iseli von einem Kinderspielplatz. Der Killer nahm den kleinen Jungen mit in seine Wohnung, verging sich an ihm, erdrosselte dann das Kind und hängte die Leiche an einem Strick in seinem Kleiderschrank auf. Tags darauf warf er den Leichnam in einem See. Gestoppt und verhaftet werden konnte Dodd erst, als er versuchte einen sechs-jährigen Jungen aus einem Kino zu entführen. Es wurde vermutet, dass Dodd in ca. 50 Fällen pädo-sexuellen Missbrauch begangen haben soll. Der Täter hatte natürlich auch aufgrund seiner Tätigkeit als Betreuer in verschiedenen Feriencamps mannigfache Gelegenheiten seinen sexuellen Drang auszuleben. Obwohl bereits in jungen Jahren seine pädosexuelle/pädophile Neigung evident war und Dodd mehrere Therapien und psychologische Gespräche absolviert hatte, gewannen schließlich seine Fantasien von Mord und Folter die Oberhand über sein Denken und gipfelten schließlich in den beschriebenen Tötungsfällen. Aber was , wenn man so fragen will, hätte auch sonst aus Wesley Allan Dodd werden sollen? Wieder einmal gingen sozio-kulturelle, biologische und biographische Umstände eine unheilvolle Allianz ein, und ein Versagen der Medizin führte schließlich zum Eklat.

Denn wären bis heute auch nur ansatzweise helfende Therapien vorhanden wäre es vielleicht nicht so weit gekommen.

Aber auch nur vielleicht!!

Denn wie (heutenund auch damals) Menschen mit pädosexuellen Neigungen interpretiert, definiert und therapiert werden, ist schon ein bemerkenswerter und zugleich befremdlicher Aspekt. Es mutet schon fast mittelalterlich an, wie die Medizin, und hier ihre Abteilung der Psychiatrie, agiert. Dies wird später in diesem Buch noch genauer dargelegt.

An dieser Stelle möchte ich einige Ausführungen zu polizeilichen Fahndungsmethoden vornehmen. Hier nun ist der alten Kriminalromantik a la *Sherlock Holmes* oder *Kommissar Maigret* einer technisierten Ära gewichen, die vieles möglich macht aber bei genauem hinsehen auch ihre Fallstricke besitzt und oftmals einfach nur vom Zufall abhängig ist. DNA-Profile, Fingerabdrücke und Faserspuren sind eben nicht immer vom Erfolg gekrönt. Es ist eben einfacher und weniger arbeitsintensiv mit den Methoden der modernen Technik zu arbeiten. Die DNA-Profile gelten als der Königsweg der Ermittlungen, sind aber auch bloße Indizien und keine handfesten Beweise. Da wirkt es dann manches mal schon irritierend, wenn ein angeblich überführter Straftäter nur durch einen DNA-Abgleich zum selben ernannt wird und ohne weitere konkreten Beweismittel verurteilt wird. Die Aussage der Wahrscheinlichkeit, das ein Täter zu 99,---Prozent der Frevler sein soll, stützt sich auch bloß auf eine statistische Größe, sei sie auch noch so aussagekräftig im Moment. Auf die Fehlerquoten, Missinterpretationen und Begrenztheiten des sogenannten genetischen Fingerabdruckes verweise ich auf die entsprechende Literatur da hier eine Darstellung der Thematik den Rahmen dieses Buches sprengen würde. Ganz so „dingfest" wie es sich darstellt ist das mit dem genetischen Fingerabdruck nämlich nicht. Wohlgemerkt!

Im US-Bundesstaat Virginia in der Kleinstadt Quantico befindet sich auf dem dortigen Gelände der Marine die Hauptstelle der berühmten amerikanischen Bundespolizei, FBI (Federal Bureau of Investigation) mit ihrer Abteilung der *BAU,* der *„Behavioral Analysis Unit",* einer Einheit zur Verhaltensanalyse, die wiederum zum *National Center for the Analyst of Violent Crime* (NCACV) gehört. Zu den vielfältigen Aufgaben dieser Einheit gehören u.a. Verbrechensanalysen, Täterprofile erstellen oder auch Verhaltensstrategien zu finden. Sehr spektakulär, effektvoll und publikumswirksam wird die Arbeit der BAU beispielsweise in der US-Fernsehserie Criminal Minds dargestellt. Hollywood und Spezialeffekte gehen dann hier eine filmische Synbiose ein, die im realen Leben kaum Bestand hätte. Von der BAU gingen dann auch die stereotypen Serienkiller-statistiken aus, die, wie bereits erwähnt, alles und nichts aussagen. Analoge Institutionen in der Bundesrepublik Deutschland befinden sich beim Bundeskriminalamt in Wiesbaden oder auch in den Landeskriminalämtern.

Grob gesagt arbeitet man hier mit dem populären Begriff des „Profiling", das aber besser durch den Begriff der operativen Fallanalyse umschrieben werden sollte. Es werden u.a. die aktuellsten und informativsten Daten zu Serienmördern verarbeitet und dann mit der

Hoffnung verbunden, den oder die Betreffenden bald dem Richter vorführen zu können.

Bei der operativen Fallanalyse werden basierend auf Indizien, Tatortspuren und weiteren Tat-relevanten Umständen versucht, Verhaltensmuster des Täters zu erkennen oder zu deuten. Diese Erkenntnisse werden dann mit statistischen und sogenannten sozio-ökonomischen Merkmalen in Korrelation gesetzt. Zusammen mit weiteren Erkenntnissen der Soziologie und Kriminologie wird dann auch ein Täterprofil erstellt. Verbunden mit anderen Datenbanken werden Fälle verglichen und nach gemeinsamen Mustern untersucht.

Wiederum aus gegebenen Gründen kann ich hier nicht dezidiert und explizit auf diese besondere polizeilichen Maßnahme eingehen.

Zu bedenken ist aber, das diese Fahndungsmaßnahme bei weitem nicht immer funktioniert, Fehlbeurteilungen beinhaltet und eben aufgrund seiner statistischen Unzulänglichkeiten eben kein Serienmord-muster erkannt wird, wie bei Tommy Lynn Sells dargestellt.

Nach Schätzungen von (vermeintlichen) Serienkiller-Experten operieren in der Bundesrepublik ca. 10 Serienmörder jährlich. Kurioserweise liest man hierzulande aber so gut wie nie über eine Mordserie; entweder tarnen die Täter ihre Verbrechen so gut das sie als eigenständiges Muster nicht zu erkennen sind oder das anzuwendende System versagt schlicht. Denn wie z.B. im Fall des sog. „schwarzen Mann[7]", einem überregional in Norddeutschland tätigen pädosexuellen bereits rechtskräftig verurteilten Serienmörder führte letztendlich ein purer Zufall zur Festnahme.

---

7 Martin Ney-tätig vorwiegend im Norddeutschen Raum-Verurteilt 2012 wegen dreifachen Mordes.

Aber wie gesagt, wenn sich nur auf Statistiken verlassen wird ist dies eine gefährliche Routine.

Und um es ganz lapidar auszudrücken: Trotz höchster wissenschaftlicher Erkenntnisse und psychologischer Täterprofile würden ohne DNA -Verfahren und Fingerabdruckbestimmungen die meisten Serienmörder wohl noch ihre Kreise ziehen. Statistisch gesehen!!

Im Jahre 1999 gelangte eine in dem südamerikanischen Staat Kolumbien gelegene Region zu einer traurigen und zugleich beunruhigenden Berühmtheit. Hatte man bis dahin geglaubt, das pädosexuelle Serienmörder vom Schlage eines Wesley Allen Dodd, Jürgen Bartsch oder Albert Hamilton Fish schon brutal und grausam zu Werke gingen, wurde man nun wie so oft im Leben eines Besseren belehrt.

In der Kaffeeanbau Region des Departements Quindio und hier in der rund 8000 Einwohner zählenden Stadt Genova wurde am 25 Januar 1957 im Sternzeichen des Wassermann ein Junge geboren, der die o.g. „Kollegen" an allem übertreffen sollte, was bis dahin bekannt war.

Und tatsächlich sind hier einige astrologische Merkmale zu diesem Menschen sehr kompatibel, der dann später als „die Bestie" oder der „Verrückte" in der kolumbianischen Kriminalhistorie seinen angestammten Platz finden sollte!

Zielstrebigkeit, teilweise „skurrile" Wirkung auf andere Menschen und typische Berufe wie z.B. Streetworker oder Sozialarbeiter sollen auf die charakterlichen Eigenschaften eines in diesem Sternzeichen Geborenen zutreffen. Und wiederum tatsächlich passen diese Eigenschaften in diesem speziellen Fall auch.

Bewußt auf ein Ziel gerichtet waren seine Handlungen und Taten allemal und als Sonderling wurde er eh schon immer dargestellt: Zwar war er kein Streetworker im berufsspezifischen Sinne, doch seine späteren Opfer fand er fast ausnahmslos auf der Straße oder zumindest unter freien Himmel.

Wassermänner, so wird weiter gesagt, brauchen stets neue Reize und Ziele. Und auch diese Eigenschaften treffen auf den Mann zu, der als schlimmster

pädosexueller Serienmörder der Neuzeit gelten soll.
Louis Alfredo Garavito Cubillos soll in den Jahren von
1992-1999 mehr als 140 kleine Jungen im Alter von
8-13 Jahren getötet haben.
Und zur Ehrenrettung der Statistik sei hier erwähnt,
dass Cubillos tatsächlich immer nach ein und
demselben Modus Operandi vorgegangen ist. Zunächst
suchte er seine Opfer nach bestimmten, für ihn
angenehmen phänotypischen Aspekten aus, d.h. Die
Knaben mussten z.B. weiche Gesichtszüge haben.
Äußerst gewandt und recht eloquent lockte der Killer
dann seine Opfer an entlegene Plätze, fesselte und
folterte sie; dann erfolgte eine Vergewaltigung und der
Tod und das Ende der Qualen der kleinen Jungen wurde
dann mit einem tiefen Halsschnitt herbeigeführt.
Anschließend zerstückelte Cubillos die Leichen und
enthauptete die meisten. Die toten misshandelten
Körper wurden dann oftmals nur oberflächlich an
entlegenen Stellen verscharrt.
Garavito Cubillos wurde als Homosexueller mit
sadistischen und pädophilen Neigungen charakterisiert
und, liest man die Biographie dieses Mannes , so
werden unzweifelhaft Analogien zu ähnlichen Tätern
sichtbar.
Als Kind vom eigenen Vater oft schwer misshandelt
und obendrein noch von einem engen Verwandten
sexuell missbraucht, kam Cubillos recht schnell mit
Alkohol in Berührung und schlug sich mit diversen
Jobs, unter anderem als Straßenverkäufer ,durch sein
bis dahin armes Leben.
Nach persönlichen Angaben war er wegen seiner
Alkoholprobleme und anderer psychischer
Auffälligkeiten mehrfach in entsprechenden Therapien

gewesen. Evidenterweise haben dieselben aber auch hier nicht allzu viel

ausrichten können. Aber auch dieser Umstand ist nicht weiter verwunderlich; ich weiß natürlich nicht welche Therapien bei Cubillos angewendet wurden: aber eine Medizin, bzw. ihre Unterabteilung der Psychiatrie die unbekannte Ursachen einer Erkrankung mit zweifelhaften Verhaltenspsychologischen Ratschlägen und dann als ultima ratio, wenn nichts anderes mehr geht, mit Medikamenten behandeln will, die auch als Rattengift ausgelegt werden könnten, verwundert mich das jedenfalls nicht. Dazu später auch mehr.

Cubillos war ein sehr reisefreudiger und mobiler Zeitgenosse. In rd. 59 Städten Kolumbiens und gar im angrenzenden Nachbarland von Ecuador soll er dann seine taten ausgeführt haben.

Über 40 getötete Kinder wurden allein in dem Departement Risaralda und über 25 Opfer in der Stadt Pereira gefunden. Nach 18-monatiger intensiver Fahndungsarbeit wurde Cubillos schließlich im April des Jahres 1999 in der Stadt Villavicencio festgenommen. Am 17.12. des gleichen Jahres wurde der Mörder zu einer Haftstrafe von 30 Jahren verurteilt. Der Höchststrafe in Kolumbien.

Aufgrund seiner regen Kooperation mit den Behörden damit Leichen gefunden werden konnten wurde das verhängte Strafmaß später dann auf 22 Jahre reduziert.

Es bleibt nun eine individuelle Perspektive, dass Cubillos zugemessene Strafmaß zu beurteilen oder zu kommentieren. Die Gesetzeslage ist nun einmal in Kolumbien so anzuwenden.

Erstaunlich und bemerkenswert ist aber der Umstand, das der Täter nicht in einen Maßregelvollzug bzw. in eine forensische Psychiatrie überstellt wurde. Wenn schon die Pädophilie und mithin ihre entgleiste Form der Pädosexualität als Störung bzw. Fehlfunktion aufgefasst wird und in internationalen medizinischen Klassifikationen so formuliert wird, mutet die juristische, die reine strafrechtliche Akzentuierung schon etwas dubios an. Aber wie bei vielen anderen pädosexuellen Straftätern wird wohl nach dem Würfelprinzip verfahren und geurteilt; mal volle Schuldfähigkeit und im anderen Fall wieder nicht; mal krank und pathologisch und dann eben wieder nicht! Denn das (juristische) Hauptkriterium der *bewussten* Planung und Durchführung ist barer Unsinn und sollte auch nicht mehr in der gängigen Diskussion erwähnt werden.

https://de.wikipedia.org/wiki/Luis_Alfredo_Garavito_Cubillos

Hier noch eine kleine Anmerkung:
Wenn Pädophilie[6] als Störung der sexuellen Präferenz definiert wird, müssten demzufolge täglich rd. 40.000 Personen weltweit strafrechtlich verfolgt werden, da diese Leute junge Mädchen vor ihrem 18 Lebensjahr ehelichen. Und geht man von Schätzungen des Bevölkerungsfonds der Vereinten Nationen (UNFPA) aus, werden in den nächsten zehn Jahren ca. **140.Mio.!!** junge Frauen unter 18 Jahren verheiratet werden.
Zwar ist die Kinderheirat in den meisten Ländern gesetzlich verboten, doch werden beispielsweise in islamischen Staaten Ehen mit neunjährigen vollzogen, nach den Bestimmungen gewisser Rechtsschulen.
Und selbst in den USA können Ehen ab 15 Jahren theoretisch geschlossen werden.
In diesem Kontext nimmt aber augenscheinlich niemand an, das es sich hier alles um pädophil veranlagte Männer handelt. Warum nicht?
Die Gründe sind mannigfach und wie alles im Leben nur eine Sache der Auslegung. Religion, Sitte, Ehre, Armut und Schutz sind die vermeintlichen Schutzpatrone dieser Kinder-heiraten.
Zynischer und plumper geht es nach meinem Erachten nicht mehr.
Demnach handelt es sich hier wohl dann um eine *Anwendungsstörung kultureller Werte.*

In medialer Hinsicht wurde Cubillos als der schlimmste Serienmörder der Neuzeit bezeichnet. Ein solches Superlativ mag und kann ich aber in diesem Kontext nicht so recht sehen. Nach welchen Kriterien eine solche Kategorisierung vorgenommen wird (und von

---

6 Pädophilie: griech."Liebe zum Kind".

wem?), wird verschiedene Gründe haben. Die Anzahl der Opfer, die Tötungsweise des Täters, ob vor der Tötung sadistische Handlungen vorgenommen worden oder Manipulationen an der Leiche Post Mortem erfolgten? Die Aufzählung ließe sich beliebig fortsetzen und erweitern.

Es liegt aber nun einmal einzig und allein im Auge des Betrachters und der emotionalen Anteilnahme, was nun als schlimm erachtet wird und was nicht. Allein der Mensch nimmt sich das Vorrecht heraus Bewertungen vorzunehmen und diesen einen allgemeingültigen Charakter überzustülpen, den es aber so nicht gibt. Schnöde commerzielle Überlegungen, Effekthascherei und die groß proklamierte Faszination am Bösen mögen hier als hinreichende Motivation genügen, so sie denn auch gewisse Verkaufszahlen von Printmedien steil nach oben schießen lassen oder bestimmte Internetplattformen zu zweifelhaften Click-Zahlen verhelfen.

Ich mache dies recht ungern, aber vergleicht man beispielsweise die Morde eines Jürgen Bartsch, dem sog. Kirmesmörder aus den 1960er Jahren aus der Nähe von Wuppertal, mit denen eines Cubillos, so erscheinen mir diese Taten um ein vielfaches grausamer und brutaler!

Der als nett, sympathisch und äußerst hilfsbereit geltende Bartsch aus dem beschaulichen, im Bergischen Land gelegenen Langenberg, verübte zwar „nur" vier Morde, doch in ihrer Ausführung waren sie um ein vielfaches sadistischer und schockierender. Der homosexuell veranlagte Bartsch lockte seine jungen männlichen Opfer in einen stillgelegten Stollen, um dann mit brachialer Gewalt auf sie einzuprügeln und einzutreten, bis sie fast tot waren. Den „Rest" besorgte Bartsch mit einem Messer um dann die Leichen auszuweiden und damit seine sexuelle Befriedigung zu erlangen.

Mit persönlich ist so eine Bilanzierung und Gegenüberstellung von Taten nicht genehm, soll aber gleichwohl zeigen, welch eine Diversität und Differenziertheit in den Ansichten besteht. Dies ist meinerseits keine bahnbrechende neue Erkenntnis, impliziert aber das alles im Leben nur eine Frage der Perspektive darstellt.

Bei Pedro Alonso Lopez war es auch nur eine Angelegenheit seiner ganz individuellen, subjektiven Perspektive die Dinge so zu handhaben, wie er das dann auch sehr ausgiebig tat.

Das sogenannte „*Monster der Anden*" könnte dann, zumindest was seine quantitativen „*Maßnahmen*" angingen, zweifelsohne in einer imaginären Rangliste der Serienmörder noch vor seinem Landsmann Cubillos einen vorderen Platz belegen, wenn denn alles so stimmt, was dieser Mann von sich gegeben hat. Nachweislich 53 Tötungen sind Aktenkundig.

Nach eigenen Angaben von Lopez will er aber noch über 250 Morde in angrenzenden Ländern begangen haben.

Eigentlich nicht sehr weit von dem Ort wo Louis Alfredo Cubillos geboren wurde, gebar am 8. Oktober 1948 eine Frau einen Jungen, die als Prostituierte bezeichnet wird. Neben 12 weiteren Geschwistern geboren zu werden bedeutet schon, wenn keine oder nur sehr vage soziale Ressourcen vorhanden sind, zumindest keine Aussicht auf ein Harvard-Studium oder wenigstens doch eine geregelte schulische und berufliche Ausbildung. Wenn dann noch ein achtjähriger Junge sich seiner Schwester wie auch immer unsittlich annähert und er dann von der eigenen Mutter ob des Fehlverhaltens auf die Straße gesetzt wird, ja dann, dann kann eigentlich nur alles schief gehen was nur schief gehen kann! Gelangt man dann noch in die Obhut eines Pädophilen und diese Obhut sich nur in Vergewaltigungen äußert, ja dann kann so ziemlich alles aus einem jungen Menschen werden. Eben auch ein Monster. So geschah es bei dem kleinen Pedro.

Man verkehre nun einmal die Sichtweise und versuche, wenn auch nur ansatzweise und rudimentär, sich in die Gedankenwelt eines achtjährigen kleinen Jungen zu versetzen, der von einem physisch voll ausgewachsenen Mann sexuell missbraucht wird. Sollte die Vorstellungskraft hier ihren Dienst verweigern, so betrachte man einfach einen Mann, der vielleicht mit seinem kleinen Sohn über die Straße geht. Oder der Leser der nun diese Zeilen liest, hat selber einen kleinen Sohn ?! Weiterhin möge man seine imaginären Bilder noch etwas erweitern und sich vorstellen, der eigene kleine Sohn würde vom sonst so netten und hilfsbereiten Nachbarn missbraucht werden. Was würde das allein mit Ihnen machen? Auf Gottes Hilfe ist kaum zu hoffen. Schließlich hat der ehemalige israelitische Stammesgott ja auch mehr oder weniger tatenlos beim Todeskampf seines eigenen Sohnes zugeschaut! Wenn ich es so ausdrücken darf.

Doch zurück zum eigentlichen Thema. Möge man auch hier noch nicht von einem kausalen Geschehen sprechen, so ist aber mit Sicherheit von einem auslösenden Moment auszugehen.

Als Pedro Alonso Lopez diesen physischen und psychischen Schmerz nicht mehr aushalten konnte floh er aus seiner grauenhaften Situation und lebte danach für viele Jahre auf der Straße.

Doch oftmals wiederholt sich Geschichte im allgemeinen und im besonderen. So auch in diesem Fall. Als Volljähriger wurde Lopez wegen eines Diebstahldeliktes das er in der kolumbianischen Metropole Bogota beging inhaftiert. Das Gefängnisse nicht unbedingt zu sicheren Orten gehören, zeigte sich dann hier in besonders perfider und ironischer Art und

Weise. Kaum hatte Lopez die Gefängniskleidung angezogen wurde er auch schon von vier Mitinsassen wiederum vergewaltigt und missbraucht.

Ein Kreis hatte sich geschlossen; dafür versuchte ein anderer sich zu bilden! Aus dem unschuldigen Opfer von einst das sich nicht wehren konnte, dass Schmerz und Pein über sich ergehen lassen musste, hatte sich nunmehr im Laufe der Zeit eine Persönlichkeit gebildet die sozusagen ihr Schicksal in die eigenen Hände nehmen wollte. Kurzerhand und in einer Art von Selbstjustiz tötete Lopez drei seiner Peiniger.

Das Kind in Ihm, dass noch (vielleicht) bei rechtzeitiger Intervention aus seiner katatonen Starre ins unbeschwerte Leben hätte zurückgeholt werden können, war nun mit diesen Handlungen endgültig gestorben. Dafür aber war ein neuer Serienmörder aus den unergründlichen Tiefen der Natur geboren worden.

Im Jahre 1978 wurde Lopez aus dem Gefängnis entlassen und bereiste Ecuador, Kolumbien und Peru um dort seine Mordserie zu beginnen.

Der Mörder fixierte sich auf kleine Mädchen im Alter von 9 bis 12 Jahren, entführte und missbrauchte sie; anschließend erdrosselte er seine jungen Opfer und vergrub sie oftmals in Massengräbern.

In diesem Kontext liest man des öfteren, dass Lopez aus Rache ob der eigenen Vergewaltigung als Kind seine Morde beging und er ein enormes Vergnügen dabei empfand den sterbenden Kindern in die Augen zu schauen und sich am eintretenden Tod zu ergötzen.

Nach seiner Überführung und Festnahme wurde Alonso nach Kolumbien überstellt und nach bekanntem Recht zur Höchststrafe von zwanzig Jahren Gefängnis verurteilt. Eine offensichtlich in der Haft durchgeführte psychotherapeutische Behandlung absolvierte er angeblich mit Erfolg und wurde dann im Jahre 1999 als freier Mann aus dem Gefängnis entlassen.

Und so er denn noch heute lebt würde ich gerne über seine wundersame Heilung von der Pädosexualität Details erfahren, da sie in der westlichen Medizin unisono als nicht therapierbar klassifiziert ist. Was aber auch sonst? Denn bei den vorliegenden Forschungs-und Untersuchungsergebnissen wird der Leser als Quintessenz nicht mehr als ein paar alltagstaugliche Tipps und Ratschläge für Betroffene erfahren. Das Niveau der Therapie beschränkt sich auf medikamentöse Behandlung mit zweifelhaften Erfolgen und auf Verhaltensempfehlungen die auf einer psychologischen Beratungsseite einer Illustrierten gehört. Dazu gleich mehr.

Wie schon eingangs im Buch erwähnt, werde ich sehr viele Forschungsergebnisse wissenschaftlicher Art als *Zitate* zur Verfügung stellen um den relativ neuesten Status quo zu den einzelnen Themen anzuzeigen. Bei der komplexen Sachlage und Thematik genügen nicht einfache Querverweise oder Hinweise auf entsprechende Forschungsergebnisse und Theorien und schon gar keine selbstverfassten Formulierungen. Dies bleibt dem Autor dann in seinen entsprechenden Resümees vorbehalten und spiegelt nur seine eigene Meinung wieder.

Die teilweise zu starren wissenschaftlichen Formulierungen zu bestimmten Thematiken müssen gegeneinander bilanziert werden und mit anderen Ergebnissen verglichen werden. Dies alles in Buchform zu präsentieren ist natürlich unmöglich; dennoch mit entsprechend angeführten und dokumentierten Ergebnissen gestaltet sich eine Ausformulierung um so einfacher. So hat auch der eventuelle Kritiker dann die Möglichkeit, ohne Probleme und wesentliche Verzögerungen seinen Standpunkt darzulegen und zu begründen.

Der französische Mediziner und Nobelpreisträger Alexis Carrell (1873-1944) formulierte einmal in seinem *Tagebuch eines Lebens* eine einfache und ebenso grundlegende Maxime.

*Die Wissenschaft kann nur methodisch vorwärtsschreiten.
Sie ist ihrem Wesen nach quantitativ. Wir sind uns jedoch
bewußt, daß die Sekundäreigenschaften der Dinge ebenso
real sind wie ihr Gewicht und ihre Länge, wie räumliche
und zeitliche Dimensionen.
Man hat die Welt auf Formeln reduziert, die einfacher sind,
als es der Wirklichkeit entspricht.
Es kommt uns nicht darauf an, die Entwicklung einer
Wissenschaft voranzutreiben, sondern darauf, die Wahrheit
aufzuspüren".*

Nunmehr wollen wir uns etwas genauer mit dem Begriff und Phänomen der bereits erwähnten Pädophilie befassen und in diesem Kontext dann auch die here Wissenschaft zu Worte kommen lassen.

Was versteht man nun unter Pädophilie? Eine Definition findet sich im *Taschenbuch Psychologie* **(Compact-Verlag München 2008)**. Hier heisst es:

*Bezeichnung für die sexuelle Neigung Erwachsener zu Kindern und
Jugendlichen, wobei sich diese im Gegensatz zur Päderastie sowohl auf Jungen als
auch auf Mädchen beziehen kann.
Da es sich bei der Pädophilie um eine Form des sexuellen Mißbrauchs handelt,
werde von Experten auch die Bezeichnung Pädosexualität verwandt.*

In den bereits erwähnten *ICD* und *DSM-* Kategorien liest sich folgende Definition:

Im ICD 10, 2002, ist die Diagnose Pädophilie unter den Code F 65.4 im Kapitel der Persönlichkeits- und Verhaltensstörungen (F 60 bis F 69) als Störung der Sexualpräferenz verortet. Definiert wird sie als „Sexuelle Präferenz für Kinder, Jungen oder Mädchen oder Kinder beiderlei Geschlechts, die sich meist in der Vorpubertät oder in einem frühen Stadium der Pubertät befinden. Pädophilie wird damit ausschließlich als **„sexuelle Präferenz"** *beschrieben. Maßgeblich sind hier die gedanklichen Vorlieben, die sich (in Anlehnung an Krafft-Ebing) vorrangig auf vorpubertäre Kinder richten müssen. Ob diese Fantasien ausgelebt werden oder nicht, bleibt offen und ist für die Diagnosestellung zweitrangig.*

Im DSM-IV ist Pädophilie unter 302.2 als <u>Paraphilie</u> klassifiziert und setzt ein Mindestalter von 16 Jahren voraus. Ebenso muss der Betroffene mindestens fünf Jahre älter sein als das Kind. Zu unterscheiden ist außerdem zwischen *gleichgeschlechtlicher Pädophilie, gegengeschlechtlicher* und *bisexueller Pädophilie,* weiterhin zwischen *ausschließlicher* und *nicht-ausschließlicher Pädophilie,* sowie *inzestuöser* bzw. *nicht-inzestuöser Pädophilie.* Nicht einzuschließen ist ein/-e Spätadoleszente(r), der oder die in eine Liebesbeziehung mit einem oder einer 12- oder 13-Jährigen involviert ist. Die Diagnosemerkmale nach

DSM-IV-TR sind sowohl präferenz- als auch verhaltensorientiert. Das heißt, die Diagnose *Pädophilie* kann sich sowohl auf sexuelle Fantasien oder Präferenzen beziehen, als auch auf drängende Triebimpulse und konkrete sexuelle Handlungen mit Kindern. Nach der verhaltensorientierten Definition können sämtliche Missbrauchstäter als pädophil eingestuft werden, auch wenn sie – anders als nach Krafft-Ebing – in ihrer Sexualität nicht primär auf Kinder ausgerichtet sind.

Soweit nun zwei Definitionen was von offizieller Seite unter Pädophilie verstanden wird. Jedoch ist schon hier eine deutliche Differenzierung mit einer ausbaufähigen Strukturierung zu erkennen. In der Philosophie würde man hier, in leicht abgewandelter Form, von einer analytischen Sprache reden, die Zergliederung eines Begriffes woraus nur hier entsprechende Erkenntnisse gezogen werden. Jedenfalls sind diese Definitionen für den heutigen Sprachgebrauch annehmbarer und anwendbarer als beispielsweise noch eine Definition aus einem Lehrbuch der Psychiatrie von 1971, also gerade mal 52 Jahre alt.
Hier heißt es

Pädophilie ist die Neigung, mit Kindern zu verkehren.
Vor allem schwachsinnige Männer, die sich zu einem
adäquaten Liebesleben nicht in der Lage sehen, versuchen
nicht so selten eine Triebbefriedigung bei kleinen
Mädchen.
Die unzüchtigen Handlungen von Greisen an Kindern,
Jungen
oder Mädchen, gehören hierher.
(W. Schulte-R.Tölle - Psychiatrie- Springer Verlag 1971)

Immerhin hat die Medizin in ihren o.g. Definitionen doch einmal eine gewisse Flexibilität und Interpretationsfähigkeit gezeigt, obwohl es mich nicht gewundert hätte, die letzte Definition in einem neuen psychiatrischen Lehrbuch zu finden. Denn, wie wir gleich lesen werden, fallen die Erklärungsversuche und Ursachenforschungen zur Pädophilie, wie auch schon an anderer Stelle erwähnt, recht bescheiden aus, um es wohlwollend zu formulieren. Dies ist keine Polemik sondern nüchterne Feststellung. Wie auch auf anderen Gebieten, wird spekuliert und theoretisiert was die gelehrten Köpfe von sich geben; Resultate kommen so nur schwer zu Stande.

Je nach Betrachtungsweise und persönlicher Perspektive sind nun 45 Jahre in der medizinischen Forschung keine großartigen Zeiträume; denn ganz nüchtern und unvoreingenommen betrachtet agiert die Heilkunde in Globo gesehen oftmals mit schon mehr als veralteten Theorien. Man nehme nur die heute praktisch widerlegte Theorie der Herzinfarktentstehung durch verstopfte Herzkranzgefäße. Seit rd. 200 Jahren wird dieser alten Theorie gefröhnt und ist immer noch das Non plus Ultra der Kardiologie. Natürlicherweise kann ich an dieser Stelle nicht en Detail zu dieser Thematik Stellung nehmen. Dies würde den Rahmen dieses Buches sprengen. Ich verweise hier auf entsprechende Literatur. Doch es zeigt sich hier einmal mehr, wie profitorientiert und kommerziell die sehr gut verdienende Herzchirurgie ausgerichtet ist.

Die Kollegen der neurologischen Abteilung haben da auch so ihre Probleme, Als im Jahre 1849 der deutsche Arzt Friedrich Theodor von Friedrichs als erster die Diagnose *Multiple Sklerose* bei einem Patienten stellte, konnte der aufmerksame Arzt natürlich nicht wissen, dass seine späteren und heutigen Kollegen nicht viel mehr Wissen über diese entzündliche Erkrankung des zentralen Nervensystems besitzen, als wie Friedrichs damals. Da keine Ursache bekannt ist, dafür aber umso mehr Theorien auf den neurologischen Basaren feilgeboten werden, verwundert es kaum, dass dieser Erkrankung keine heilende Therapie zur Seite steht.

Es wird geforscht und experimentiert was die Pharmakonzerne und ihre Laboratorien hergeben; die Ergebnisse geben nicht viel her. Von Diäten bis hochpotenten chemischen Medikamenten wird verordnet und gespritzt, was die Kanülen der Ärzte und die Venen der Patienten aushalten. Mit einer Erfolgsquote die einem nur die Schamröte ins Gesicht treiben kann. Auch hierzu verweise ich auf entsprechende Literatur die recht schnell durch eigene Recherche zur Verfügung steht.

Nur zwei Beispiele aus der Medizin, die zeigen, wie wenig Wissen eigentlich vorhanden ist. Ich könnte hier Seitenweise andere Beispiele anführen.

Zurück zur Pädophilie. Als der Begriff im Jahre 1886 durch den österreichischen Psychiater und Rechtsmediziner Richard von Krafft-Ebing in seiner Schrift *Psychopathia sexualis* eingeführt wurde, hätte der gelehrte Universitätsprofessor sich auch nicht gedacht, das auch dieses Phänomen bis zum heutigen Tage nicht erklärt werden kann. Es erstaunt daher schon sehr, das auch bis heute keine rechte einheitliche Namensnennung besteht; die Bezeichnungen reichen von Pädophilie über *pädophile Neigung, pädophile Orientierung* bis hin zur *pädophilen Prägung.*Und bei der Ursachenforschung bietet sich dem verdutzten

Leser eine schiere Flut von Theorien und Definitionen die da reichen von schwerer Impulskontrollstörung bis hin zu genetischer Disposition. Was auch sonst? Wenn die Medizin nicht weiter weiß oder kann, wird immer von *multikausalen, als vielschichtigen* Ursachen gesprochen. Demnach man nicht weiß mit was man es eigentlich zu tun hat, wie, dann die infantile Frage, will man dann therapieren? Aber wie erwähnt bleibt es meist nur bei psychologischen Ratschlägen und Verhaltenstipps. Sozusagen. Mehr ist es tatsächlich nicht, wie wir gleich lesen werden.

Der derzeitige Kenntnisstand zu den neurobiologischen Grundlagen der Pädophilie basiert auf nur wenigen wissenschaftlichen Untersuchungen. Einige dieser Untersuchungen legen die Hypothese neurobiologischer Anomalien bei pädophilen Straftätern nahe. Doch stellen sich die Befunde noch als zu heterogen dar, um eine Integration aller Befunde in ein übergeordnetes neurobiologisches Störungsmodell zu ermöglichen. "

(Frommberger P., Krippl M. Stolpmann G., Müller, J. L.:, „Neurobiologie der pädophilen Störung – eine methodenkritische Darstellung bisheriger Forschungsergebnisse", Forensische Psychiatrie, Psychologie, Kriminologie 4, 2007, S. 249-258)

Dieses kurze Zitat könnte eigentlich als, wie man heute sagen würde, Update gelten und erscheint als kurze und prägnante Information zum gegenwärtigen Stand der Forschung ausreichend. Selbstverständlich aber um der guten Ordnung halber und um gewisse qualitative Maßstäbe zu erfüllen, werden noch andere verschiedene Publikationen in Zitatform dargebracht. Wie auch schon erwähnt, muss ich auch längere Zitatpassagen anführen, damit der wissenschaftliche Hintergrund dargestellt wird und ein entsprechender Kontext besteht.

Dann nun nachfolgend eine Publikation zur Pädophilie, die aber, um es jetzt schon zu sagen, auch nicht viel Licht ins Dunkel bringen wird.

In den vergangenen Jahren wurden diverse Studien veröffentlicht, die von neuroanatomischen Besonderheiten bei pädophilen Straftätern berichten. Im Jahr 2007 sorgte eine Studie aus Kanada für weltweites Aufsehen. Wissenschaftler der Universität Toronto hatten die Gehirne pädophiler Straftäter mittels Magnetresonanztomographie untersucht und seien dabei zu dem Ergebnis gekommen, dass Pädophile zu wenig „weiße Substanz" im Gehirn hätten.[1] Dieser Mangel an weißer Substanz sei möglicherweise dafür verantwortlich, dass Pädophile ihre sexuellen Impulse nicht kontrollieren könnten. Wissenschaftler der Universität Magdeburg hatten ein Jahr zuvor ebenfalls hirnorganische Auffälligkeiten bei pädophilen Straftätern festgestellt.[2] Die Medien greifen solche Meldungen immer wieder gerne auf, aber leider nicht immer mit der notwendigen kritischen Distanz. Die Methodik solcher Studien wird selten hinterfragt, stattdessen werden sensationsträchtige Schlagzeilen formuliert, für die es aus wissenschaftlicher Sicht noch zu früh ist. Pädophilie sei die Folge einer angeborenen Fehlentwicklung im Gehirn, so lautete der Tenor, der vor gut drei Jahren fast einhellig durch die Presse ging.

Studien mit wenig Aussagekraft

Ich will die neurobiologischen Ansätze in der Pädophilie-Forschung nicht in Frage stellen. Es ist wichtig, in alle Richtungen zu forschen; gerade auch, um populistischen und wenig informierten Sichtweisen den Wind aus den Segeln zu nehmen. Vor übereilten Schlussfolgerungen muss aber dringend gewarnt werden; denn der wissenschaftliche Beweis, dass eine pädophile Ausrichtung tatsächlich angeboren ist, konnte bisher nicht erbracht werden, auch wenn das in der Presse gelegentlich so dargestellt wird. Die wenigen neurobiologischen Untersuchungen, die es zu diesem Gebiet gibt, basieren auf kleinen Fallzahlen, deren empirische Beweiskraft sehr begrenzt ist. Außerdem wurden die Untersuchungen fast ausschließlich an straffällig gewordenen Pädophilen durchgeführt, so dass Rückschlüsse auf abstinent lebende Pädophile nur sehr bedingt möglich sind. Bei der Magdeburger Studie wurde z. B. mit einer sehr kleinen Fallzahl von 13 Probanden gearbeitet; alles rechtskräftig verurteilte Sexualstraftäter aus dem Maßregelvollzug. Selbst die Autoren warnen deshalb vor einer Verallgemeinerung ihrer Befunde.[2]

Im Fall der kanadischen Studie wurden zwar mit einer größeren Fallzahl von 127 Probanden gearbeitet, aber auch hier handelte es sich ausschließlich um Pädophile, die bereits straffällig geworden waren. Einen repräsentativen Schnitt durch den vielfältigen Personenkreis der Pädophilen kann man auf diese Weise nicht erwarten, denn hätte man die abstinent lebenden Pädophilen mit einbezogen, dann wäre das Ergebnis wahrscheinlich anders ausgefallen. Bei beiden Studien hat also schon die Auswahl der Versuchspersonen das Ergebnis beeinflusst; denn bei Sexualstraftätern wird man immer das Problem haben, dass sie ihre Impulse und Begierden nicht kontrollieren können – sonst wären sie nicht straffällig geworden. Unter diesen Voraussetzungen ist es kein Wunder, wenn in der Auswertung der Eindruck entsteht, Pädophilie und Impulskontrollstörungen würden zwangsläufig miteinander zusammen hängen. Bei einigen Untersuchungen wurden Abweichungen im EEG pädophiler Straftäter („gesteigerte frontale Delta-, Theta- und Alpha-Aktivität") im Vergleich zu nicht-pädophilen Kontrollpersonen gefunden. Auch hier wird aber betont, dass sich daraus noch keine Hinweise zur Ursache der Pädophilie ableiten lassen.[3] In einer Studie der Universität Duisburg-Essen aus dem Jahr 2006 wurde eine Gruppe von 18 Kernpädophilen (nach DSM-IV) ebenfalls auf neurologische Auffälligkeiten untersucht. Mittels voxel-basierter (V_Morphometrie_BM) konnte eine „Volumenreduktion der grauen Substanz" in diversen Hirnregionen nachgewiesen werden.[4] Außerdem wurden Tendenzen für ein stark zwanghaftes Verhalten festgestellt, was der Einordnung der Pädophilie als zwanghafter Impulskontrollstörung neuen Auftrieb gab. Auch hier zeigt sich aber wieder das Problem der zu kleinen Fallzahl von 18 Probanden, die allesamt aus dem

Maßregelvollzug stammten. Zu den beteiligten Wissenschaftlern der Duisburger Studie zählte Dipl.-Psychologe Boris Schiffer. Er starte im selben Jahr eine weitere Untersuchung mit 19 kernpädophilen Probanden, die er mit 24 Kontrollprobanden verglich. Beide Gruppen konfrontierte er mit sexuell stimulierendem Bildmaterial. Dabei zeigte sich, dass bei den pädophilen Versuchsteilnehmern andere Hirnregionen aktiv waren als bei der nicht-pädophilen Kontrollgruppe. Ach hier wurden wieder Hinweise auf eine enge Verwandtschaft pädophiler Impulskontrollstörungen zu anderen Zwangsstörungen festgestellt.[5] Eine noch sehr neue Studie aus dem Jahr 2008 (65 Probanden, 62 Kontrollprobanden) bestätigt wiederum die Aussage der kanadischen Forscher von 2007, wonach bei pädophilen Straftätern eine „signifikante Volumenreduktion" an weißer Substanz feststellbar sei.[6]

Zusammenfassend lässt sich sagen, dass es mehrere voneinander unabhängige Studien gibt, in denen sich signifikante neurologische Auffälligkeiten bei pädophilen Straftätern feststellen ließen. Aufgrund der uneinheitlichen Befunde und der zu geringen Fallzahlen lassen sich die Ergebnisse aber derzeit noch nicht verallgemeinern. Zu bemängeln ist außerdem, dass lediglich pädophile Straftäter untersucht wurden, während es über abstinent lebende Pädophile keine vergleichbaren Erhebungen gibt. Auch eine

Forschergruppe der Universität Göttingen kam jüngst zu dem Ergebnis, dass die Frage nach den neurobiologischen Ursachen der Pädophilie noch viel zu wenig erforscht sei, als dass man von gesicherten Erkenntnissen sprechen könnte:

„Der derzeitige Kenntnisstand zu den neurobiologischen Grundlagen der Pädophilie basiert auf nur wenigen wissenschaftlichen Untersuchungen. Einige dieser Untersuchungen legen die Hypothese neurobiologischer Anomalien bei pädophilen Straftätern nahe. Doch stellen sich die Befunde noch als zu heterogen dar, um eine Integration aller Befunde in ein übergeordnetes neurobiologisches Störungsmodell zu ermöglichen.“

(Frommberger P., Krippl M. Stolpmann G., Müller, J. L.:, „Neurobiologie der pädophilen Störung – eine methodenkritische Darstellung bisheriger Forschungsergebnisse“, Forensische Psychiatrie, Psychologie, Kriminologie 4, 2007, S. 249-258)

Bemerkenswert ist, dass die Autoren ausschließlich von pädophilen Straftätern sprechen, so dass auch hier sehr schnell klar wird, dass bei praktisch allen Untersuchungen ein sehr einseitig zusammen gesetzter Personenkreis untersucht wurde. Eine weitere Bestätigung dafür, dass eine Übertragung auf die Gesamtheit aller Pädophilen mit größter Vorsicht zu genießen ist.

Das Wechselspiel von Anlage und Umwelt

Selbst wenn man bei pädophilen Straftätern (oder auch bei abstinent lebenden Pädophilen) bestimmte neurologische Auffälligkeiten findet, so bedeutet das noch lange nicht, dass diese Auffälligkeiten tatsächlich angeboren sind. Neuere Ergebnisse aus der Täterforschung deuten nämlich darauf hin, dass viele Missbrauchstäter selbst eine traumatische Kindheit hatten. Heyden und Schattauer untersuchten die Biographien sowohl pädophiler als auch nicht-pädophiler Täter. Dabei kamen sie zu folgendem Fazit:

„So heterogen sie sich phänomenologisch auch darstellen mögen, deuten ihr Erleben, Fühlen und Handeln, ihre Lebensgeschichten und ihre Psychophatologie darauf hin, dass es sich bei Missbrauchstätern um in ihrer Kindheit schwer traumatisierte und bindungsgestörte Menschen handelt, die über ihre traumatischen Erfahrungen in der Regel weder gesprochen noch sie verarbeitet haben. Der sexuelle Missbrauch von Kindern stellt für sie einen Versuch zur Bewältigung ihrer (meist innerfamiliären) Traumatisierungen dar.“

(Saskia Heyden / Kerstin Jarosch: „Missbrauchstäter. Phänomenologie – Psychodynamik – Therapie“, Schattauer, Stuttgart 2009, S. 195)

Vor diesem Hintergrund erscheinen auch die neurobiologischen Studien in einem anderen Licht. Aus

*der Hirnforschung ist nämlich bekannt, dass nicht nur
die Gene für die Entwicklung unserer Persönlichkeit
verantwortlich sind, sondern dass umgekehrt auch
unsere Lebenserfahrung die Entwicklung unseres
Gehirns beeinflusst. Joachim Bauer ist Neurobiologe
und Professor für psychosomatische Medizin an der
Universitätsklinik Freiburg. Er bezeichnet den
„permanenten Aufbau und Umbau von Nervenzellen-
Verschaltungen des Gehirns in Abhängigkeit dessen,
was wir erleben und tun" als „erfahrungsabhängige
Plastizität" des Gehirns.[7] Von besonderer Bedeutung
ist diese Plastizität für die Persönlichkeitsentwicklung
im Kindes- und Jugendalter, weshalb neurobiologische
Erkenntnisse heute auch in die Pädagogik mit
einfließen. Was Bauer als „erfahrungsabhängige
Plastizität" bezeichnet, beschreiben die Sozialforscher
Hurrelmann und Bründel als Wechselspiel von Anlage
und Umwelt in der Persönlichkeitsentwicklung des
Kindes:*

*„Die gesamte funktionelle Architektur des Gehirns eine
Kindes wird im erheblichen Umfang durch Signale aus
der Umwelt beeinflusst. Der Organisationsprozess des
Gehirns und damit des Steuersystems für die
Persönlichkeit des kleinen Kindes ist auf ein
Wechselspiel zwischen Signalen aus der Umgebung und
den Genen angewiesen, wobei ein stetiger Umbau von
Nervenzellen erfolgt, der bis ins Jugendalter anhält."*

(Klaus Hurrelmann / Heidrun Bründel: „Einführung in die Kindheitsforschung", Beltz Verlag, Weinheim 2003, S. 49)

Die genetischen Voraussetzungen, die ein Mensch von Geburt an mitbringt, bestimmen die Persönlichkeitsentwicklung also nur zum Teil. Eine ebenso wichtige Rolle spielen auch Umwelteinflüsse in Form von Erziehung und Sozialisation, die das Kind in seinen frühen Lebensjahren mit auf den Weg bekommt. Durch diese Einflüsse wird die neurologische Entwicklung des Gehirns mitgeprägt, die dann ihrerseits wieder unseren Erfahrungsspielraum beeinflusst. Es gibt aber nicht nur positive Entwicklungsanreize, sondern auch negative. Kinder, die unter dauerhaften Bedingungen von Gewalt, Stress oder Traumatisierung aufwachsen, tragen nachhaltige Schäden in der Entwicklung ihres Gehirns davon, die sich mit modernen Messverfahren nachweisen lassen.[7] [8]

Vor diesem Hintergrund ist es keineswegs sicher, ob die neurobiologischen Auffälligkeiten, die man bei pädophilen Straftätern findet, tatsächlich angeboren sind. Es wäre auch denkbar, dass sie sich erst im Zuge problematischer Kindheitsentwicklungen ins Gehirn „eingebrannt" haben. Für diese These spricht auch die Beobachtung, dass die hirnorgansichen Auffälligkeiten, die man bei pädophilen Straftätern gefunden hat, nicht spezifisch sind für das Störungsbild der Pädophilie, sondern auch bei anderen Krankheiten bzw. Verhaltensauffälligkeiten zu finden sind.[9] Die US-amerikanische Psychiaterin Lisa J. Cohen weist auf einen möglichen Zusammenhang zwischen pädophilem Verhalten und eigenen Missbraucherfahrungen hin. Sie untersuchte pädophile Missbrauchstäter mit Hilfe der <u>Positronen-Emissions-Tomographie</u> (PET). Dabei fand sie heraus, dass bestimmte Hirnregionen (Temporalkortex) in geringerem Maße aktiviert waren als bei nicht-pädophilen Kontrollprobanden. Zusätzlich erhob sie die biographischen Taten der untersuchten Sexualstraftäter. Dabei stellte sich heraus, dass 60% von ihnen als Kind selbst missbraucht wurden, woraufhin Cohen die These aufstellte, dass die neurologischen Auffälligkeiten eine Folge ebendieser Missbrauchserfahrungen sind.[10]

Hinter der Vorliebe für biologische Erklärungsversuche steckt meines Erachtens der Wunsch, das Phänomen der Pädophilie (das auf viele Menschen immer noch sehr beängstigend wirkt) auf einen einfachen Nenner zu reduzieren, der sich klar benennen und gut beherrschen lässt. Manchmal ist damit auch die Hoffnung verbunden, dass sich die pädophilen Persönlichkeitsanteile mittels hirnorganischer Eingriffe (neurochirurgisch oder medikamentös) regelrecht „ausknipsen" lassen, sobald die Forschung nur weit genug fortgeschritten ist. Ich glaube aber, diese Hoffnung wird sich niemals erfüllen.

Das Zusammenwirken von Genen und Umwelteinflüssen ist derart eng miteinander verknüpft, dass sich bei bestimmten neurologischen Anomalien niemals mit letzter Sicherheit sagen lässt, ob sie angeboren sind oder im Laufe der Persönlichkeitsentwicklung erworben wurden. Prof. Bauer bezeichnet den Widerstreit zwischen biographischen und genetischen Erklärungsmustern sogar als „unsinnigen Gegensatz“, da Gene und Umwelt untrennbar zusammenwirken.[6] Vor diesem Hintergrund lässt sich wahrscheinlich auch die Frage, bis zu welchem Grad eine pädophile Ausrichtung auf eine hirnorganische Disposition zurückzuführen ist, niemals eindeutig beantworten.

Die Grenzen biologischer Erklärungsversuche

Bei aller Faszination für die Möglichkeiten der neurobiologischen Forschung muss immer gefragt werden, inwieweit diese Forschungen mir als pädophil empfindenden Menschen in meiner unmittelbaren Lebensproblematik weiterhelfen können. Selbst wenn sich herausstellen sollte, dass eine pädophile Ausrichtung tatsächlich genetisch determiniert wäre, so würde sich für mich als Betroffenen erst einmal nichts ändern. Ich stünde auch weiterhin vor dem unauflöslichen Dilemma, dass ich meine Sexualität nicht ausleben kann. Ich müsste mich auch in Zukunft ganz bewusst für den Weg der sexuellen Enthaltsamkeit entscheiden und mir auch in Zukunft immer wieder vor

Augen halten, dass meine sexuellen Bedürfnisse mit denen des Kindes nicht kompatibel sind. Ich müsste mich auch zukünftig immer wieder neu motivieren, mich immer wieder beobachten und wenn notwendig auch immer wieder selbst in Frage stellen. Die mühevolle und lebenslange Arbeit an meiner Persönlichkeit kann mir die Hirnforschung nicht abnehmen. Die Frage nach dem konkreten Nutzen ihrer Erkenntnisse ist die Neurobiologie bislang schuldig geblieben.

Allein mit biologischen Ansätzen wird man das Phänomen der Pädophilie ohnehin nicht erklären können, denn eine pädophile Ausrichtung ist ein Persönlichkeitsmuster, das weit über biologische und hirnstrukturelle Faktoren hinaus geht. Bei der Pädophilie geht es – wie bei jeder anderen Sexualform auch – nicht nur um neuronale Versknüpfungen, sondern um tiefe und sehr persönliche Gefühle. Dem Pädophilen als Menschen wird man nur gerecht, wenn man ihn mit all seinen problematischen Gefühlen annimmt, anstatt diese Gefühle auf hirnorganische Vorgänge zu reduzieren. Ein heterosexueller Ehemann, der seine Frau über alles liebt und immer für sie da ist, wird es auch als befremdlich empfinden, wenn man seine Gefühle ausschließlich unter hirnorganischen Gesichtspunkten betrachtet. Wer will sich schon anmaßen, das Gefühl der Liebe rein naturwissenschaftlich zu erklären? Auch in der

Neurobiologie scheint man sich der eigenen Grenzen bewusst zu sein. Dazu noch einmal Prof. Bauer:

„Was ein Mensch fühlt, wird sich niemals mit neurobiologischen Mitteln beschreiben lassen (die Neurobiologie wird nur herausfinden, welche biologischen ‚Utensilien' vorhanden sein müssen). Was ein Mensch fühlt, lässt sich – außerhalb dieses Menschen – nur durch das Mitgefühl eines anderen Menschen beschreiben."

(Joachim Bauer: „Das Gedächtnis des Körpers. Wie Beziehungen und Lebensstile unsere Gene steuern.", Piper-Verlag, München 2004, S. 73)

Mit diesen Aussagen legt sich die neurobiologische Forschung eine klare Selbstbeschränkung auf. Zu Recht, denn die Gefühle eines Menschen, insbesondere die Liebe, verdienen Respekt und Achtung; und zwar unabhängig davon, ob sie sich hirnorganisch erklären lassen oder nicht. Dieser Anspruch ergibt sich schon allein aus der Menschenwürde. Dem Menschen in seiner Gesamtheit wird man mit einer rein biologischen Sichtweise nicht gerecht, solange sie nicht mit einer anerkennenden Werthaltung gegenüber der gesamten Persönlichkeit verbunden ist. Diesen Respekt vor ihrer Persönlichkeit und ihren Gefühlen können auch Pädophile erwarten; immer vorausgesetzt, sie gehen verantwortungsvoll mit diesen Gefühlen um und schaden niemandem damit. Entscheidend ist für mich als Betroffener nicht die Frage nach den Ursachen meiner sexuellen Gefühle für Kinder, sondern die Frage, wie ich mit diesen Gefühlen umgehe.

Anstatt sich auf allzu einseitige biologische Erklärungen zu konzentrieren, sollte man den Fokus lieber auf konkrete therapeutische Konzepte richten, bei denen es darum geht, pädophil empfindende Menschen in ihrer Persönlichkeit zu stärken und ihnen verantwortliche Lebenskonzepte aufzuzeigen. Das Entscheidende ist und bleibt: Wir als Pädophile müssen lernen, verantwortungsvoll mit unserer problematischen Neigung umzugehen, so dass wir niemals einem Kind damit schaden. Dazu brauchen wir hilfreiche und praxistaugliche Ratschläge für den Alltag, in denen der Einzelne sich mit seinen Problemen wiederfindet. Das scheint mir mehr zu bringen als eine akademische Diskussion unter Neurobiologen und Hirnforschern. Respekt und Achtung vor Kindern kann mir nämlich niemand ins Gehirn „einpflanzen"; sie sind das Ergebnis eines ganz individuellen Reifeprozesses, den ich mir nur selbst erarbeiten kann. Ob ich mehr oder weniger weiße Substanz im Gehirn habe als andere Menschen, interessiert mich da wenig. Das einzig wirklich Wichtige ist die Frage, wie ich im Alltag verantwortungsvoll mit Kindern umgehen kann.

145

Soweit ein Statement zur Pädophilie. Wie schon im Manifest der Neurowissenschaften auch hier nichts neues im Prinzip. Das Süppchen mit allerlei Zutaten neurobiologischer,psychologischer oder kultureller Art, köchelt auf dem Herde der Wissenschaftlichkeit vor sich hin. Was schon einst die Alten sangen, zwitschern heute noch die Jungen, um diesen alten Sinnspruch hier einmal anzuwenden. Wie schon gehabt, kann etwas zusammenpassen oder auch nicht. Strukturelles kann vorhanden sein, könnte aber auch durch Erlerntes mit verursacht sein. Selbst modernste Hirntomographien können mal wieder nichts genaues mitteilen. Dies wird sich auch nicht ändern. Denn auch die nächste Publikation hat nichts anderes im Gepäck als das Vorgenannte. Leider kann ich nicht mit bahnbrechenden akademischen Erkenntnissen aufwarten.

Wissenschaftlich nachweisbar :Pädophile Täter haben andere Hirnstrukturen

Männer mit pädophilen Neigungen müssen nicht zwingend zum Täter werden. Doch was macht den Unterschied im Kontrollverhalten aus? Hirnforscher haben danach gesucht - und eine Antwort gefunden.

Pädophile Männer, die zum Täter werden, haben offenbar charakteristische neurobiologische Veränderungen im Gehirn. Darauf deuten erste Ergebnisse einer dreijährigen Studie hin, die Vertreter des bundesweiten Forschungsverbundes NeMUP in Berlin vorstellten. Untersucht wurden dazu insgesamt mehr als 240 Männer mit und ohne pädophile Neigungen. In beiden Gruppen waren auch Männer, die sich an Kindern vergriffen hatten. Professor Henrik Walter, Direktor des Forschungsbereiches "Mind and Brain" an der Berliner Charité, erklärte, dass für den Zusammenhang von Pädophilie und Täterschaft offenbar das Volumen des sogenannten Mandelkerns eine Rolle spielt. Der Mandelkern (Amygdala) ist für die Steuerung von Emotionen wichtig, speziell von Angst und Aggressionen. Auch andere Hirnregionen zeigen demnach Volumenunterschiede, allerdings nicht so deutlich. "Damit scheinen objektivierbare Befunde bei Männern mit sexuellen Präferenzbesonderheiten in greifbare Nähe zu rücken", sagte Walter. Grundsätzlich lassen sich der Studie zufolge pädophile Männer von nicht-pädophilen anhand von Hirnaktivierungen durch unterschiedliches Stimulusmaterial unterscheiden, stellten die Forscher fest. Dieser Befund alleine lasse aber nicht automatisch auf eine verminderte Verhaltenskontrolle schließen. "Die Erkenntnisse bestätigen unsere These, dass eine pädophile Neigung nicht gleichzusetzen ist mit sexuellem Kindesmissbrauch. Es gibt im Gehirn eigene Regionen, die für die Verhaltenskontrolle zuständig sind", ergänzte der Berliner Sexualmediziner Professor Klaus Beier von der Charité, der auch das Präventionsprojekt "Kein Täter werden"initiiert hat.In dem vom Bundesforschungsministerium geförderten NeMUP-Verbund (Neural Mechanisms Underlying Pedophilia) arbeiten Forscher der Hochschulen in Hannover, Berlin, Duisburg/Essen, Kiel und Magdeburg zusammen.

Quelle: n-tv.de , sni/dpa

Viel mit wenig Worten kurz anzeigen können, das ist
Kunst
und große Tugend. Thorheit aber ist`s, mit viel
Reden
nichts reden. (Martin Luther)

Wieder nichts revolutionäres und schon gar keine Aufbruchstimmung in Sicht. Die Fachkollegen vom Neurowissenschaftlichen Manifest hinterlassen hier auch ihre besten akademischen Grüße. Es ist aber auch eine Crux mit diesen ganzen Erkenntnissen und Theorien. Bedauerlicherweise lassen sich aber momentan jedenfalls keine neuen semantischen Begrifflichkeiten einbauen und so muss das althergebrachte wieder mal den Kopf hinhalten. Schnee von gestern wird aufgepeppt und soll den fragenden Mitmenschen als frisch gefallener Neuschnee verkauft werden. Das der akademische Schlitten darauf aber auch nicht besser fährt, bedarf kaum der Erwähnung. Aber in bester traditioneller Manier und universitärer Rigidität wird eine großartige Mitteilung dem breiten Publikum serviert die höchstens den Charakter einer Marginalie aufweist.

Aber ich will den Leser nicht weiter langweilen und schon die nächste Publikation zum arg strapazierten Problemthema Pädophilie präsentieren.

Gehirn pädophiler Männer reagiert anders auf Kindergesichter

Kiel · 21.05.2014

Nicht jeder, der ein Kind vergewaltigt, ist pädophil. Forscher haben nun vielleicht eine Möglichkeit gefunden, um genaue Diagnosen zu erstellen.

Pädophile Männer reagieren stärker auf Kindergesichter als ihre Geschlechtsgenossen. Dies kann man auch an der Hirnaktivität feststellen, wie eine Studie des Kieler Sexualforschers Jorge Ponseti ergab. Ob mittels der Hirnreaktion eine objektive Diagnose der Pädophilie möglich sei, werde aber noch untersucht. Die Ergebnisse veröffentlichten Ponseti und Kollegen jetzt in den „Biology Letters" der britischen Royal Society. „Wir haben die Hirnaktivität von pädophilen Männern und gesunden Vergleichspersonen betrachtet, während diese sich Bilder von Gesichtern unterschiedlich alter Menschen angesehen haben", sagte Ponseti vom Institut für Sexualmedizin und Forensische Psychiatrie und Psychotherapie am Universitätsklinikum in Kiel. Die Forscher nutzten dafür die funktionelle Magnetresonanztomographie. Das Ergebnis: Pädophile zeigten mehr Aktivität in gesichtsverarbeitenden Hirnarealen, wenn sie Kindergesichter anschauten.

Bei gesunden Erwachsenen erhöht sich die Aktivität in dieser Hirnregion, wenn sie Gesichter von Menschen sehen, die zu ihrer sexuell bevorzugten Gruppe gehören, wie der Psychologe Ponseti sagte. Dies sei schon länger bekannt. „Wenn ich als heterosexueller Mann das Bild einer Frau sehe, dann wird mein gesichtsverarbeitendes Areal stärker aktiv, als wenn ich das Gesicht eines Mannes sehe." Jetzt konnten die Forscher ein analoges Muster bei Pädophilen feststellen. Therapien könnten verbessert werden. „Offenbar haben menschliche Gehirne einen Mechanismus, mit dem sie das Alter einer Person am Gesicht einschätzen können und dementsprechend unterschiedliche Verhaltensprogramme aktivieren." Die Hirnaktivität sei bei Pädophilen in denselben Bereichen erhöht gewesen, wie bei den gesunden Männern, aber unter anderen Vorzeichen.

Ob mittels der Hirnreaktion auf Kindergesichter eine objektive Diagnose der Pädophilie möglich ist, wird derzeit am Institut untersucht. Der praktische Nutzen würde Ponseti zufolge vor allem in der Therapieplanung liegen. Denn nicht jeder, der ein Kind missbrauche, sei pädophil. Diese Diagnose treffe nur auf etwa die Hälfte der Ersttäter zu. Die anderen vergingen sich an Kindern, weil ihnen der Kontakt zu gleichaltrigen Sexualpartnern fehlte.

Bei diesen Männern sehe die Therapie anders aus. Zu welcher Gruppe ein Täter gehöre, sei oft schwierig festzustellen. „Hier wird oft geschwindelt. Da ist eine objektive Messung hilfreich", so Ponseti.

Quelle: Nordkurier

151

Im Westen nichts Neues" um dies einmal mit dem Romantitel des im Jahre 1929 von Erich Maria Remarque erschienenen Buches zu kommentieren. Ein ganz typisches Paradebeispiel der Medizin, wie (fast) immer, von einer Hirnaktivität auf eine vermeintliche Kausalität oder doch wenigstens auf einen Auslöser zu schlußfolgern. Gewiß kann angeführt werden, dass die vorgenannten Publikationen mehr populärwissenschaftlich verfasst sind, einer ausführlichen Darstellung bedürfen, welches Studiendesign angewendet wurde, aber auch wer überhaupt diese Studie in Auftrag gegeben hat?

Doch diese Studie, wenn man sie so bezeichnen möchte, kann auch eben so gut eine Aussage darüber es sauren Herings eine andere graphische Darstellung seiner Hirnaktivität aufweist, als wie jemand der ehtreffen, ob jemand lieber eine Curry-Wurst (meinetwegen auch mit Pommes frites) oder doch eher ein leckeres Schnitzel (meinetwegen auch vegetarisch) bevorzugt?

<u>Und</u> eben so darf ich dann wohl annehmen, das ein pädophil veranlagter Mensch differente Messdaten erzeugt als sein „normaler" Pedant? Ja was denn sonst? Und selbstverständlich wird sich bei einem pädophilen Menschen die Hirnaktivität erhöhen; nicht aber nur durch den blossen Anblick eines Kindes, sondern wohl auch deshalb, weil sich schon lange vorher ein entsprechendes neuronales Muster gebildet hat! Das wird es wohl eher treffen! Hier hätte man sich besser an ein Zitat des deutschen Rechtshistorikers Karl Eduard von Lindenthal gehalten der da zuruft:

„Schweigen ist das Heiligtum der Klugheit".

Ein gängiges wissenschaftliches Prinzip der Forschung ist es, nicht eine Behauptung zu beweisen, sondern zu falsifizieren. Es geht also in erster Linie nicht um die Bestätigung einer Theorie, sondern um ihre eventuelle Widerlegung. Nach diesem ureigenen wissenschaftlichen Reglement ist keine Theorie als unumstößlich anzusehen. Nirgends gibt es also feste und klare Theorien, so sie denn die Korrelation Falsifikation-Verifikation nicht erfüllen. Dieser kleine Ausflug in die Wissenschaftstheorie soll den Leser auf die nächste Publikation aufmerksam machen, die, so sie denn noch aktuell und up-to Date ist, zeigt, das Wissenschaft nicht immer das ist, was Wissenschaftler machen und manches Mal der Teufel im Detail stecken kann; mit weitreichenden und recht ärgerlichen Konsequenzen.

Neuroforschung:

Ein Fehler stellt Tausende Gehirnstudien infrage

Von <u>Alwin Schönberger</u> ( ) <u>24. 6. 2015</u>

-

Eine Flut spektakulärer Studien bringt bunte Bilder von einer kleinen Hirnregion mit Ängsten, Depressionen und sogar politischen Einstellungen in Verbindung. Wiener Forscher zeigen jetzt: Es war wohl alles ein großer Irrtum - und die Fachwelt ist einer peinlichen Verwechslung aufgesessen. Die Forscher waren hellauf begeistert: Eine einzige Gehirnaufnahme genüge in Zukunft, um schwere seelische Leiden präzise vorherzusagen, schwärmten Psychologen der amerikanischen Duke University Anfang Februar. Mithilfe eines Magnetresonanztomografen, der die Aktivität in einem kleinen Gehirnareal namens Amygdala bildlich darstellte, wollten die Experten ermittelt haben, wie anfällig Personen für stressbedingte Erkrankungen sind - und in weiterer Folge für Angststörungen oder Depressionen. In dichter Abfolge wurden in den vergangenen Jahren vergleichbare und scheinbar bahnbrechende Studien

154

aus der Neurowissenschaft publiziert, die humanes Verhalten, Gefühle oder wichtige Entscheidungen des Menschen mit einer Anregung bestimmter Gehirnareale durch äußere Reize in Verbindung brachten - durch Mimiken wie Freude, Trauer oder Abscheu, Bilder ekeliger Spinnen oder durchdringende Geräusche. Welche Stimuli all die Eindrücke in unseren Nervenzellen auslösen, sollen jene Bilder verraten, die entstehen, wenn Menschen in der Röhre eines Magnetresonanztomografen liegen und ihr Gehirn dabei gescannt wird. Die Aufnahmen sind auch beliebte Sujets in vielen Medien: Stets sieht man die typischen Reihen grauer Gehirnschnitte, wobei bunte Flecken in einzelnen Bereichen anzeigen sollen, in welchem Areal die Neuronen gerade feuern. Kaum eine menschliche Regung, kaum eine Neigung, kaum ein Verhaltensmuster, das nicht bereits im Hirn lokalisiert worden wäre - von der räumlichen Orientierung bis zu einem mutmaßlichen Modul für die Religiosität.

Haben Republikaner andere Gehirne als Demokraten?

Die Amygdala, auch Mandelkern genannt, ist ein besonderer Hotspot dieses Forschungszweiges: Im limbischen System des Gehirns gelegen, gilt sie als eine Steuerzentrale für Emotionen, die besonders an der Entstehung von Angst sowie an der neuronalen Analyse von Gefahren beteiligt ist. Per funktioneller Magnetresonanztomografie (fMRI) wollen Wissenschafter über die Jahre wahrhaft Verblüffendes herausgefunden haben: So sollen Erregungsmuster in der Amygdala von Autisten belegen, dass ihnen Augenkontakt beunruhigende Gefühle beschert, weshalb sie direkten Blicken gerne ausweichen. Mediziner aus Harvard wiederum glauben, dass der Mandelkern mitentscheidet, wie wir über Straftäter denken: Erhalten wir einen besonders lebhaften und plastischen Bericht eines mit Vorsatz begangenen grausigen Verbrechens, soll dies im Wege einer emotionalen Stimulierung zu härteren Urteilen führen. Und selbst unsere politische Einstellung soll die Amygdala preisgeben: Angeblich fallen Republikaner durch höhere Erregungslevels in dieser Region auf und grenzen sich dadurch deutlich von Demokraten ab, die tendenziell weniger ängstlich sein sollen.

Rund 2500 Studien liegen inzwischen vor, für die sich Probanden in die beklemmende Enge von Hirnscannern zwängten, um das Aufflackern ihrer Amygdala-Neuronen observieren zu lassen. Doch nun zeigt sich: Möglicherweise waren der ganze Aufwand, all die Mühen, die Abertausenden von Stunden, die Menschen reglos in der Röhre verharrten, und die Flut der dadurch generierten Daten weitgehend vergeblich. "All in vein", wie der Blog "Neuroskeptic" jüngst spottete - ein treffendes Wortspiel, das darauf verweist, dass vermutlich Generationen chronisch enthusiasmierter Neuroforscher schlicht einer Verwechslung aufsaßen: Was sie für Aktivität in der Amygdala hielten, war in Wahrheit wohl nur der

Blutfluss in einer Vene. Und viele der vermeintlich prickelnden Erkenntnisse über die lenkende Macht der Emotionszentrale stehen nun im Verdacht, auf krassen Fehlinterpretationen zu beruhen.

Es wäre eine ernsthafte Blamage für die internationale Hirnforschung - die zudem auf einer einzigen so sorgfältigen wie kritischen Studie beruht, welche vermeintlich gesichertes Wissen, das viele Meter Fachliteratur füllt, ins Wanken bringt. Diese soeben in den "Scientific Reports" des renommierten Fachjournals "Nature" publizierte Arbeit stammt von einem Wiener Forscherteam um den Medizinphysiker Ewald Moser. Professor Moser ist einer der Leiter des Exzellenzzentrums für Hochfeld-Magnetresonanz - und hat als solcher jenen Maschinenpark am Wiener AKH mitaufgebaut, der einer umfassenden Erforschung verschiedenster Erkrankungen und psychischer Phänomene dient. Zusammen mit den jungen Kollegen Roland Boubela, Klaudius Kalcher und weiteren Mitarbeitern, darunter Mediziner, Physiker und Statistiker, nahm Moser die scheinbar fantastischen Zusammenhänge zwischen emotionalen Reizen und behaupteten Erregungsmustern der Amygdala genau unter die Lupe. "Schwierig und langwierig" sei die Arbeit gewesen, sagt Moser, und man müsse das Engagement und die Ausdauer der Doktoratsstudenten betonen, die "nicht der Verlockung schneller und positiver Ergebnisse erlegen sind".

Aussagekraft von 2500 Studien höchst fragwürdig

Sonderlich positive Resultate bietet die Studie tatsächlich nicht, die im Wesentlichen aus zwei Teilen bestand: Zunächst unterzogen die Wiener Forscher 16 Personen einem Experiment, das typisch für die heute populären Messungen von Hirnaktivitäten ist: Die Probanden sahen einerseits Bilder von Gesichtern, die etwa Furcht ausstrahlten, andererseits neutrale geometrische Formen. Während sie diese verschiedenen Reize präsentierten, zeichneten die Forscher per Hirnscanner auf, wie das Neuronennetz der Versuchspersonen darauf reagierte - insbesondere, wie sehr jener Bereich tief im Gehirn auf die emotional stimulierenden Antlitze ansprach, in dem der Mandelkern sitzt. Zwecks höchstmöglicher Präzision verwendeten die Wissenschafter eine ganz moderne und empfindliche Technologie, die außerordentliche räumliche und zeitliche Auflösung gewährleistet - also in sehr schneller Abfolge auch winzigste Details registriert. Um sich jedoch nicht zum Vorwurf auszusetzen, nur dank besserer Technik abweichende Ergebnisse zu erzielen, werteten die Forscher in einer zweiten Etappe bereits bestehende Datensätze neu aus, die mit konventionellen fMRI-Apparaturen erstellt worden waren.

Doch egal, welche Methode man anwandte, wie man es auch drehte und wendete, das Ergebnis war stets gleich: Sämtliche registrierten Aktivitäten stammten nicht primär von der Amygdala, sondern von einem Blutgefäß namens Rosenthal-Vene, das in unmittelbarer Nähe verläuft. Folglich hatten die MR-Maschinen auch nicht die Reaktion unserer Emotionszentrale auf vor

Angst entstellte Gesichter erfasst, sondern lediglich einen ablaufenden Blutfluss. Deshalb ist die Aussagekraft von rund 2500 Studien zu diesem Thema nun höchst fragwürdig.

Um zu verstehen, wie hier - offenbar fortgesetzte - Missinterpretationen auftreten konnten, muss man wissen, wie Hirnscans üblicherweise zustandekommen, und man muss sich ein wenig mit der Gehirnanatomie befassen. Zunächst ist es wichtig zu erwähnen, dass die Aktivität in einer beliebigen Hirnregion gar nicht direkt beobachtet werden kann. Die bekannten bunten Bilder beruhen auf indirekten Messungen: Wenn wir denken, verbraucht das Gehirn Energie. Diese Energie beziehen wir aus Glukose, also aus Zucker, der über die Arterien angeliefert wird, und um diesen zu verstoffwechseln, braucht es Sauerstoff. Aktivität in einem bestimmten Gehirnareal ist demnach mit höherer Energie an dieser Stelle verbunden - und mit einem Abfall der Sauerstoffsättigung aufgrund der Energieverbrennung. Genau diese Sauerstoffschwankung kann im MR-Scanner detektiert werden. Gerät also - theoretisch - die Amygdala aufgrund eines Angstreizes in Aufruhr, sinkt dort aufgrund der entsprechenden Aktivität der Sauerstoffgehalt, und wenn man diesen biochemischen Prozess farblich markiert, sieht man den Mandelkern "aufleuchten".

Venen leuchten natürlich nicht beim Verbrennen von Hirnschmalz, aber sie sorgen für den Abfluss sauerstoffarmen Blutes (daher übrigens auch deren bläuliche Färbung), und zwar aus unterschiedlichen Hirnarealen, denen wiederum bestimmte kognitive Aufgaben zukommen. Im konkreten Fall dürften folgende Faktoren zum Tragen kommen: Die große Rosenthal-Vene windet sich um die Amygdala herum, umschlingt also quasi die Position des Mandelkerns. Die Grenzen zwischen den beiden sind unter Umständen gar nicht leicht zu erkennen, weil in der Neuroforschung im Regelfall nicht das Bild eines einzelnen Gehirns benutzt wird. Vielmehr legt man oft Dutzende Aufnahmen übereinander und gelangt zu einem Durchschnittswert. Diese Mittelungen aus vielen, aufgrund individueller Anatomie in Details voneinander abweichenden Gehirnen können dazu führen, dass die Übergänge zwischen den Hirnkomponenten "verschmieren", wie Moser sagt. So blickt man dann auf eine Vene - und hält sie für die Amygdala.

Doch warum registriert man dort Signale, wenn Versuchspersonen zum Beispiel mit ängstlichen Gesichtern konfrontiert werden? Auch diese Frage können Moser und seine Kollegen beantworten: Die Rosenthal-Vene transportiert, ähnlich einem Kanal, Blut aus anderen Hirnzonen ab, darunter aus solchen, die an der Erkennung und Bewertung von Gesichtern beteiligt sind. Das bedeutet, dass die bisherigen

Studien zwar auf indirektem Wege Hirnaktivität dokumentiert haben - allerdings eben nicht nur solche aus der Amygdala.

"Es wäre absurd, das einfach zu ignorieren"

Aber wie kann es sein, dass eine einzige Studie, die bloß etwas genauer auf längst bekannte Zusammenhänge blickt, so viele Experimente in Zweifel zieht? Moser nennt zwei Ursachen: eine handwerkliche und eine psychologische. Allzu oft werde das komplexe und weitverzweigte venöse System aus Gründen der Übersichtlichkeit einfach nachträglich aus den Bildern ausgeblendet - und damit die Chance, eine Verwechslung überhaupt zu bemerken. "Es gibt aber extrem viele Gefäße im Gehirn", sagt Moser: "Es wäre absurd, das einfach zu ignorieren."

Zweitens seien auch Wissenschafter keineswegs davor gefeit, reinem Wunschdenken aufzusitzen. Naturgemäß wollen Forscher, vielfach wohl unbewusst, dass sich vielversprechende Thesen durch Studien bestätigen - und sehen in deren Verlauf eher das, was sie auch sehen wollen. Sie hoffen auf positive Resultate, weil dies klarerweise befriedigender ist als ein Flop, aber auch deshalb, weil Fachzeitschriften vorwiegend positive Ergebnisse abdrucken. Dass ein Experiment nicht funktioniert hat oder eine Annahme widerlegt ist, findet generell und quer durch die Disziplinen selten Eingang in hochrangige Journale - ebenso wie die peinliche Erkenntnis, dass ein paar Tausend Forscher auf der ganzen Welt die Amygdala mit einer Vene verwechselten. "Es war gar nicht leicht, das zu publizieren", berichtet Moser.

Als die Wiener Arbeit kürzlich doch erschien, fielen die Reaktionen gemischt aus. Manche zweifelten die Resultate an und verteidigten die eigenen vehement. Andere, vor allem Psychologen, zeigten sich hingegen interessiert und einsichtig hinsichtlich der Bewertung bisheriger Studien. Vielleicht war manch ein Psychologe oder Psychotherapeut auch gar nicht so unglücklich mit der Kernaussage der Wiener. Denn zuletzt hatte man fast den Eindruck gewinnen können, die klassische Psychologie, die Beurteilung des einzelnen Patienten im therapeutischen Gespräch sei dank hochpräziser und untrüglicher maschineller Vermessung unserer Nervenbahnen allmählich obsolet. Und nun das: Plötzlich wird die wachsende Selbstsicherheit der Neuroforscher, das blinde Zutrauen in Leistungsfähigkeit und Aussagekraft der Hightech-Apparaturen ordentlich erschüttert - wenn auch nicht wegen eines Versagens der Technik, sondern aufgrund irriger Interpretationen der dabei gesammelten Daten. Freilich legt Moser Wert auf die Feststellung, dass er und seine Kollegen keineswegs die Absicht gehabt hätten, die internationale Hirnforschung frontal anzugreifen: "Wir sagen nur: Passt bitte auf und schaut euch eure Daten genauer an." Immerhin habe man, konstruktiv betrachtet, nun auch Argumente und Werkzeuge geliefert, sodass nun jeder Wissenschafter die Möglichkeit habe, bisherige Ergebnisse neuerlich zu überprüfen. Insofern handle es sich auch nicht um ein endgültiges Desaster für die Neuroforschung, sondern um die Chance zur Korrektur bisheriger Übertreibungen und Verzerrungen. Zudem würden ja nicht die Funktion und Bedeutung der Amygdala als solche infrage gestellt - dass ihr eine wichtige Rolle im humanen Emotionshaushalt zukommt, bleibt unbestritten und ist auch anderweitig gut belegt, etwa durch elektrophysiologische Methoden.Auf einer Metaebene könnte man die ganze Episode überhaupt positiv sehen: Schließlich zeigt sie eindrucksvoll, dass Wissenschaft permanent auf dem Prüfstand steht und die Validität ihrer Erkenntnisse immer wieder unter Beweis stellen muss - und dass diese gnadenlos in Diskussion geraten, sobald jemand plausibel den experimentellen Gegenbeweis an

Zu diesem Artikel konnte ich bis zur Niederschrift dieser Zeilen wie meistens kein entsprechendes Statement der zuständigen Wissenschaften finden. Einerseits kann ausgeführt werden, das ja prinzipiell nichts falsch gemacht wurde, ganz grob gesagt, andererseits kann deklariert werden das zu viel Vertrauen in High-tech-Bildverfahren auch nicht allzu ratsam ist und stets evaluiert und überprüft werden sollten. Hierzu ein anderes Beispiel aus der Kardiologie, jenem Teilgebiet der Medizin welches sich mit dem Herzen und seinen Erkrankungen befasst. Der italienische Pathologe und Kardiovaskular-spezialist Prof. Dr. Baroldi aus Mailand entdeckte nach jahrzehntelanger Forschungstätigkeit und Studien, das schon von Geburt an im menschlichen Herzen die Anlage festgelegt ist, das Stenosen (Verengungen) der Koronararterien durch Umgehungskreisläufe nahezu vollständig kompensiert werden. Diese nehmen sogar proportional zum Ausmaß der Stenose zu und sind kreuz und quer im Herzmuskel vorhanden. Zunächst wurde diese Entdeckung in der Medizin hochgepriesen und war praktisch anerkannt. Doch dann, rein aus commerziellen und finanziellen Erwägungen, nicht zuletzt auch durch zunehmenden Druck seitens der forschenden Pharmaindustrie, geriet Baroldi ins Abseits und wurde abgemeldet. Dieser eklatant-evidente wissenschaftliche Fauxpas ist ein Skandal ohnegleichens und in seiner Endkonsequenz absolut letal. Er kostet vielen herzkranken Menschen das Leben weil falsch therapiert wird obwohl wissenschaftlich korrekte und einwandfreie nachvollziehbare Studien vorliegen. Stattdessen wird mit fast nutzlosen Medikamenten therapiert und herzchirugisch interveniert was die Skalpelle hergeben und die Herzkatheterschläuche aushalten. Die traurigen Statistiken zu diesen „Therapien" kann jedermann einsehen. Kümmern tut es die Medizin wenig. Unverdrossen wird mit dem Leid und dem Leiden vieler Betroffener weiterhin sehr gut verdient. Ohne das sich Schamesröte im Gesicht zeigt, erklären Kardiologen dem Patienten heute noch veraltete Lehrmeinungen aus dem 17.bzw. 18. Jahrhundert. Zurück zur Amygdala. Sollte hier aber auch nur die Rosenberg-Vene eine verzwickte Rolle spielen, so ist noch lange nicht die endgültige Funktion des Mandelkerns erklärt. Denn nach wie vor sind noch übergeordnete Strukturen und weitverzweigte Korrelationsmechanismen zu bedenken. Wie bekannt ist kein Geschehen im Körper, stofflicher oder mentaler Art, als autarke Funktion zu betrachten. Fast zahllose andere Systeme spielen hierbei eine Rolle und ergänzen oder vervollständigen sich. Damit möchte ich dieses Kapitel über die Pädophilie abschliessen. Noch zuletzt ein Wort zur Therapie wobei sich dies auf psychotherapeutische /verhaltensstrategische und medikamentöse Behandlung erstreckt. Da bekanntermaßen keine „richtigen" Ursachen bekannt sind beschränkt sich alles wieder nur auf vermeintlich individuelle, soziale oder auch biologische Ursachen. Wie gelesen aber völlig zu unrecht. Dazu dann abschließend ein gedrucktes Interview damit wir das ganze auch noch mal aus berufenerem Munde hören bzw. lesen als dem vermeintlich meinem.

Therapie bei pädophiler Störung –
Interview mit Prof. Peer Briken, Direktor des Instituts für
Sexualforschung und Forensische Psychiatrie des Uniklinikums
Hamburg-Eppendorf und Leiter des Projekts „Prävention
sexuellen Kindesmissbrauchs " in Hamburg.

Herr Prof. Briken, das Präventionsprojekt „Kein Täter werden" startete 2005 in Berlin und existiert mittlerweile in sieben Städten. Warum ist es so erfolgreich?

Viele Männer mit einer pädophilen Störung trauen sich nicht zum Arzt zu gehen. Sie wissen, dass dort die Krankenkassenkarte durchgezogen wird, und ihre Daten dokumentiert werden. Das schreckt viele ab. Unser Projekt hingegen läuft außerhalb der Kassen, und damit sprechen wir einen Kreis an, der sonst nicht zur Behandlung käme. Unsere Patienten kommen freiwillig.

In einem Jahr hatten Sie ca. 160 Anfragen, davon 100 von möglichen Patienten. Rufen die Männer einfach an und sagen: „Hallo, ich bin pädophil"?

Die meisten Männer haben uns aus eigener Motivation angesprochen, z. B. per Mail oder Telefon. Darüber hinaus kontaktierten uns Ärzte, Therapeuten oder Beratungsstellen. Zehn Prozent der Anfragen kamen aus der Familie, etwa von einer Ehefrau, die gemerkt hat, dass sich ihr Mann Kinderpornografie anschaut.

Was passiert bei der Psychotherapie?

Ziel ist, dass die Männer ein Problembewusstsein entwickeln und ihr Verhalten ändern. Die Therapeuten motivieren sie, Risikosituationen wie Spielplätze zu meiden, kein Kinderfernsehen zu schauen oder auf das Betreuen von Kindern im Sportverein zu verzichten. Gleichzeitig versuchen wir mit den Patienten Alternativen zu entwickeln, andere Beziehungen aufzubauen. Günstigenfalls können sich sexuelle Beziehungen zu erwachsenen Frauen oder Männern entwickeln. Aber: Je stärker fixiert das sexuelle Interesse auf Kinder ist, desto schwieriger ist das. Gegebenenfalls muss dann die Kontrolle des Mannes über seine sexuell dranghaften Bedürfnisse verbessert werden. Allerdings haben wir zum Glück ja auch noch andere Bedürfnisse als sexuelle, z. B. nach Freundschaft oder gemeinsamer Freizeit. Da Alternativen zu entwickeln, ist ebenfalls ein wichtiger Teil der Therapie.

Setzen Sie auch Medikamente ein?

Sie denken jetzt sicher an Stoffe, die hochdosiert eine medikamentöse „Kastration" hervorrufen, zum Beispiel den Testosteron-Antagonisten Cyproteronacetat oder den GnRH-Agonisten Triptorelin. Ja, die setzen wir ein, aber sehr selten. Der Erfolg ist unterschiedlich. Männer, bei denen das sexuelle Interesse sehr dranghaft war, sind oft erleichtert, dass sie sich jetzt endlich mit etwas anderem beschäftigen können. Andere leiden dagegen sehr unter dem Verlust ihrer Sexualität. Häufiger und als erstes Medikament geben wir Selektive Serotonin-Reuptake-Hemmer (SSRI).

Also ganz normale Antidepressiva?

Ja. Wir nehmen an, dass SSRI über drei Mechanismen wirken: Einmal verbessert das vermehrt als Neurotransmitter zur Verfügung stehende Serotonin die eigenen Kontrollfunktionen. Personen mit pädophilem Interesse können ihre Impulse besser kontrollieren. Außerdem gibt es Hinweise, dass Missbrauchshandlungen oft im Zusammenhang mit negativen Stimmungen auftreten, sozusagen als Kompensation, um mit schlechten Gefühlen besser klarzukommen. Auch dagegen wirken die Antidepressiva bekanntermaßen. Und schließlich haben sie die Nebenwirkung, dass sie die Libido senken. Ohne eine begleitende Psychotherapie haben aber Medikamente keinen Sinn.

Warum werden Menschen pädophil?

Diese Frage hat mich v. a. am Anfang meiner Arbeit mit pädophilen Patienten sehr bewegt. Antworten darauf lassen sich nur individuell finden. Manche Männer sprechen kaum über ihre Lebensgeschichte. Für sie „war es schon immer so". Allerdings kennen wir Merkmale, die gehäuft bei Männern mit pädophilen Interessen auftauchen: Ein guter Teil der Patienten ist früher selbst sexuell missbraucht worden. Häufig verbinden die Männer ihre ersten sexuellen Erfahrungen mit Scham und Verboten. Viele wurden in der Schule gehänselt. Oft scheint es, als ob die sexuelle Entwicklung dann nicht mehr weitergeht und einfach „einfriert", und die Männer in einer kindlichen Welt bleiben.

Stimmt es, dass pädophile Menschen kaum Gewalt gebrauchen?

Das hängt sehr von der Definition von Gewalt ab. Die Anwendung physischer Kraft kommt seltener vor. Aber nicht zu vergessen ist Gewalt, die durch psychische Kraft ausgeübt wird. Ein Kind kann nicht vollumfänglich in eine sexuelle Handlung mit einem Erwachsenen einwilligen, sodass immer ein Machtgefälle zwischen ihm und dem Erwachsenen bleibt. Viele pädophile Männer haben ein Bedürfnis nach Nähe, kindlicher Unbeschwertheit, Sorglosigkeit. Sie identifizieren sich stark mit der kindlichen Welt und vermischen dies mit ihren sexuellen Wünschen. Ihre Wahrnehmung kann dabei so verzerrt sein, dass sie wirklich glauben, die Kinder würden die sexuellen Handlungen auch wollen.

Neigen pädophile Menschen dazu, Lehrer oder Erzieher zu werden?

Das kann man so nicht sagen. Bei einer kleinen Gruppe von Männern stehen die Missbrauchsfälle zwar im Zusammenhang mit ihrer Arbeit, z. B. in einem Sportverein. Aber deshalb gibt es noch keinen Grund, Erzieher und Lehrer unter Generalverdacht zu stellen. Die meisten Missbrauchshandlungen finden im Familienund Freundeskreis statt. Taten durch Fremde sind seltener.

Wie beurteilen Sie den Erfolg des Projektes?

Wie viele Kinder wir letztendlich vor einem Missbrauch bewahren, lässt sich nicht messen. Was wir aber feststellen, ist, dass sich bei den Männern die Risikofaktoren im positiven Sinne verändern. Wir sehen z. B., dass sich das Selbstwerterleben, die Fähigkeit zur Selbstregulation, die Beziehungsfähigkeit und das Verständnis für Risikosituationen verbessern.

Aus der Zeitschrift Via medici 2013; https://www.thieme.de/de/psychiatrie-psychotherapie-psychosomatik/therapie-bei-paedophiler-stoerung-

Frank Gust

Frank Gust (24. Mai 1969 in Oberhausen) ist ein zu lebenslanger Haft mit anschließender Sicherungsverwahrung verurteilter deutscher Serienmörder. Er wuchs in mittelständischen Verhältnissen im Ruhrgebiet auf und erlernte den Beruf des Dachdeckers. In den Medien wurde der noch unbekannte Serienmörder unter dem Pseudonym Rhein-Ruhr-Ripper bekannt. Dieser Spitzname wurde von der Presse auch während des Prozesses immer wieder für Gust verwendet.*

Psychosexuelle Entwicklung

Kindheit

Gust gehört zum Typus der sexuellen Sadisten unter den Serienmördern.[1] Bereits mit acht Jahren zeigte er einen ausgeprägten Hang zur Tierquälerei.[2] Als Gust neun Jahre alt war, kaufte er einem Mitschüler ein Meerschweinchen ab, das er aber wegen der Tierhaarallergie seines Stiefvaters nicht behalten durfte. Auf Geheiß seiner Großmutter sollte er das Tier töten. Er band es mit Bast an in die Erde gerammte Stöckchen und versuchte, das bewegungsunfähige Tier mit einer Betonplatte zu erschlagen. Die Betonplatte traf jedoch nicht den Kopf, sondern den Leib des Meerschweinchens, sodass dessen Eingeweide herausquollen. Dieser Anblick bereitete Gust große Lust und er begann, mit seinen Händen in der Bauchhöhle des Meerschweinchens zu wühlen.[3] Dabei „betastete [Gust] die Eingeweide" des getöteten Tieres, „mochte das Gefühl, die Wärme, wenn er mit den Händen in die Bauchhöhle fasste."[2] Später bezeichnete Gust dieses prägende, mit großer Intensität erlebte Ereignis als eine Art „Schlüsselerlebnis".[3]

Pubertät und Jugend

Um erneut die beim Anblick des sterbenden Meerschweinchens empfundene Lust zu verspüren, quälte und tötete Gust in den folgenden Jahren immer wieder Kaninchen, die er in der Nachbarschaft stahl. Mit Einsetzen der Pubertät vergrößerte sich diese Lust noch und er begann, beim Anblick der gemarterten Tiere zu masturbieren, sodass sich Sexualtrieb, Sadismus und Gewalt miteinander unheilvoll zu verbinden begannen.[3] Im Alter von 13 Jahren versuchte Gust, seine nekrophile Neigung durch Einbrüche in Leichenschauhäuser und sexuelle Handlungen an den dort aufbewahrten Leichnamen zu befriedigen, die er zu diesem Zweck aufschlitzte. Da die Körper jedoch bereits abgekühlt waren, konnte er nicht den erhofften Grad an Gratifikation erreichen.[2] Seine Phantasien drehten sich zu diesem Zeitpunkt auch schon um das Töten von Pferden[3], aber erst im Alter von 24 Jahren setzte Gust diese Vorstellung in die Tat um.[3] Nach seiner Festnahme berichtete Gust, sein „größter Wunsch" bestehe darin, „einer sterbenden Frau an das pochende Herz zu fassen."[2] Ähnlich gelagerte Taten zeigen auch die Biografien anderer sadistisch motivierter Serientäter auf. Von Forensikern wird dieses sich langsam steigernde Gewaltverhalten als typische „Probierphase" von Serienmördern gewertet, das später, wie im Fall Gust, von diesen auch bei Menschen angewandt wird.

Serienmorde. Zwischen 1994 und 1998 ermordete Frank Gust mindestens vier Frauen. Sein erstes Opfer war 1994 eine 28-jährige, hellhäutige, südafrikanische Anhalterin. 1996 und 1998 brachte er zwei Prostituierte im Alter von 30 und 26 Jahren um, die er jeweils am Essener Hauptbahnhof aufgelesen hatte. Bei seinem mutmaßlich letzten Opfer handelte es sich um eine 47-jährige angeheiratete Tante. Den Namen „Rhein-Ruhr-Ripper" erhielt er von den Boulevard-Medien, da er seine Taten überwiegend im Rhein-Ruhr-Gebiet verübte und diese Parallelen zu den Morden von Jack the Ripper aufwiesen. Frank Gust platzierte die Leichen seiner stark verstümmelten und teilweise ausgeweideten Opfer in der Regel an gut einsehbaren Orten, so dass sie unmittelbar nach dem Tatgeschehen aufgefunden wurden. Einzig die Leiche seiner Tante blieb verschwunden.

Aufklärung der Taten und Urteil
1999 deutete Frank Gust seiner Mutter gegenüber an, einen Mord begangen zu haben. Diese berichtete schockiert einer Freundin davon, die daraufhin die Polizei auf den Serienmörder aufmerksam machte. Gust wurde kurze Zeit später verhaftet. Am 21. September 2000 wurde er vom Duisburger Schwurgericht wegen vierfachen Mordes zu einer lebenslangen Haftstrafe verurteilt. Dies war mit der Auflage verbunden, sich einer Therapie zu stellen. Gust war zuvor eine eingeschränkte Schuldfähigkeit attestiert worden. Er trat seine Haftstrafe unmittelbar nach dem Urteil in einer forensischen Strafanstalt an. Schon nach 6 Monaten brach er die Therapie ab und ließ sich in den normalen Vollzug verlegen. Er begründete den Abbruch mit der Feststellung, nicht therapierbar zu sein, und äußerte die Absicht, bis zu seinem Tod verwahrt werden zu wollen, da er in Freiheit eine dauerhafte Gefahr für Andere sei.

Thomas Rung

Thomas Rung (3. Januar 1961 in West-Berlin) ist ein deutscher Mörder. Er gilt als der gefährlichste Serienmörder Berlins seit Kriegsende.*

Leben

Rung wurde am 3. Januar 1961 als eines von sieben Kindern geboren. In seiner Familie herrschten Gewalt und Strenge. Seine Mutter verließ die Familie, als er zwei Jahre alt war. Rung besuchte die Sonderschule und fiel schon während seiner Schulzeit durch Einbrüche und Körperverletzung auf. Vor seiner Festnahme wegen siebenfachen Mordes im Jahr 1995 befand sich Rung schon viele Male vorher wegen verschiedener Delikte in Haft. Zwischen 1983 und 1995 brachte er insgesamt sechs Frauen und einen Mann um.[1] Seine Opfer wurden von ihm vergewaltigt, erwürgt, ertränkt oder erstickt. Wegen der unterschiedlichen Vorgehensweisen konnte lange Zeit kein Zusammenhang zwischen den einzelnen Taten hergestellt werden. Zwei der Opfer – seine 77-jährige Vermieterin sowie eine 22-jährige Studentin – wurden 1983 in der Silbersteinstraße in Berlin-Neukölln ermordet. Für Rungs ersten Mord an seiner Vermieterin wurde 1984 der damals 23-jährige Michael Mager irrtümlich verurteilt und sechs Jahre lang inhaftiert.[2]

Rung wurde 1995 festgenommen und ein Jahr später zu lebenslanger Freiheitsstrafe mit anschließender Sicherungsverwahrung verurteilt. Er wurde in der Justizvollzugsanstalt Berlin-Tegel inhaftiert. Dort misshandelte er 2001 einen Mithäftling und wurde deshalb zu zusätzlichen zwei Jahren und acht Monaten Haft verurteilt. Weil Rung 2003 erneut einen

Mithäftling – diesmal lebensgefährlich – verletzte, verhängte das Berliner Landgericht 2004 zehn weitere Jahre Haft und eine zweite Sicherungsverwahrung wegen versuchten Totschlags. Rung wurde anschließend in Berlin-Moabit inhaftiert, da die Vollzugsanstalt Tegel sich weigerte, ihn noch einmal aufzunehmen. Zurzeit ist Thomas Rung in Niedersachsen in der JVA Celle inhaftiert.

Jürgen Bartsch

Jürgen Bartsch (6. November 1946 in Essen als Karl-Heinz Sadrozinski; † 28. April 1976 in Lippstadt-Eickelborn) war ein deutscher pädosexueller Serienmörder, der in Langenberg bei Velbert vier Jungen ermordete. Bartsch wurde als der „Kirmesmörder" bekannt.[*

Karl-Heinz Sadrozinski wurde 1946 als nichteheliches Kind in Essen geboren. Seine leibliche Mutter Anna Sadrozinski verstarb kurz nach seiner Geburt an Tuberkulose. Die ersten Monate seines Lebens verbrachte er in der Obhut häufig überlasteter Krankenschwestern in einer Klinik. Einige Monate nach seiner Geburt kam Gertrud Bartsch, die Frau des wohlhabenden Essener Fleischers Gerhard Bartsch, in dasselbe Krankenhaus, um sich einer Totaloperation zu unterziehen. Die kinderlosen Eheleute nahmen das Waisenkind im Alter von elf Monaten zu sich. Gegen eine Adoption hatte das Jugendamt wegen der „zweifelhaften Herkunft des Kindes" zunächst Bedenken, sodass die Adoption erst sieben Jahre später im Jahr 1954 erfolgte. Der Junge wuchs bei seinen Pflege- und Adoptiveltern in Langenberg (heute Velbert-Langenberg) unter dem Namen Jürgen Bartsch heran. Er wurde von ihnen bis zum Schulanfang im sechsten Lebensjahr völlig isoliert von anderen Kindern gehalten, eingesperrt in einem Kellerraum mit vergitterten Fenstern und bei Kunstlicht, weil die Eltern befürchteten, er erführe draußen, dass er nicht ihr leibliches Kind sei.

Bartsch beschrieb vielfach gegenüber den Gutachtern und in seinen Briefen an den Journalisten Paul Moor überraschende Gewaltattacken und einen

Sauberkeitswahn seiner Adoptivmutter. Sie habe ihm verboten, sich schmutzig zu machen oder mit anderen Kindern zu spielen. Diese Zwänge blieben angeblich bis ins Erwachsenenalter bestehen – selbst mit 19 Jahren sei er noch von seiner Adoptivmutter in der Badewanne gewaschen worden. In einem tiefenpsychologischen Gutachten vor dem Wiederaufnahmeverfahren wurde angenommen, dass Bartsch schon früh die Familienatmosphäre als eine empathielose Double-Bind-Situation erlebte, was sich später in der Beziehung zwischen ihm und seinen Opfern widergespiegelt hab Im Alter von zehn Jahren kam Bartsch in ein Heim. Da es dort nach Meinung der Eltern nicht streng genug zuging, kam er am 14. Oktober 1958 stattdessen in das katholische Don-Bosco-Internat Marienhausen der Salesianer Don Boscos in Aulhausen/Rheingau, heute Stadtteil von Rüdesheim am Rhein. In dieser Zeit entdeckte er per Zufall, dass er adoptiert war. Bartsch erklärte später, dass er, als er mit Fieber das Bett hütete, von dem dortigen Erzieher Gerhard Pütz sexuell missbraucht worden sei. Im Oktober 1960 floh er zweimal aus dem Internat, weil er es dort nicht mehr ausgehalten habe. Da ihn seine Eltern nach der ersten Flucht wieder zurückgebracht hatten, habe er sich nach der zweiten Flucht nicht mehr nach Hause getraut. Er habe seine Lage als ausweglos empfunden. Alice Miller sieht in ihrem Buch Am Anfang war Erziehung, in welchem sie sich mit dem Fall Bartsch auseinandersetzt, die Heimerziehung als Grundursache seiner sadistischen Neigungen. Dort habe Bartsch lernen müssen, die Absurditäten und Launen der Erzieher widerspruchslos und ohne Gefühle von Hass hinzunehmen. In seinem

Unbewussten habe sich ein beispielloser Aggressionsdruck aufgebaut. Als er älter wurde, habe er sich Jungen gegenüber ebenso dominant und gefühllos verhalten, wie er selbst von Erwachsenen behandelt worden war. Er habe sich an der Situation einer tiefen Demütigung, Bedrohung, Vernichtung der Würde, Entmachtung und Ängstigung eines kleinen Jungen sexuell erregt — diesmal nicht mehr als hilfloses Opfer, sondern als der mächtige Verfolger. Bartsch gehörte zu den sadistisch geprägten, zu Gewalttaten neigenden Tätern, die auf Kinder fixiert sind. Im Jugendalter zeigte sich seine pädophile Neigung im katholischen Internat in Marienhausen. Dort stellte Jürgen Bartsch zum ersten Mal fest, dass er sich sexuell zu Knaben hingezogen fühlte. Psychologische Gutachten bestätigten, dass die pädosexuellen Neigungen des nach außen äußerst freundlich wirkenden Bartsch deutlich sadistische Züge trugen, er unter Paraphilien litt und seine Taten unter einem „unwiderstehlichen Drang" ausgeführt hatte.
Im Juni 1961 wurden seine Neigungen der Polizei bekannt, nachdem er den Sohn des Langenberger Malermeisters B. in dem dortigen ehemaligen Luftschutzbunker im Ortsteil Oberbonsfeld, Heeger Str., sexuell attackiert und gequält hatte. Der Vorfall führte zu einer Anklage wegen Körperverletzung vor dem Wuppertaler Amtsgericht; das Verfahren wurde jedoch bald wieder eingestellt.[4] Gerade während dieser Zeit entwickelte Bartsch immer sadistischere Fantasien, die er nach und nach in die Tat umsetzte.
Opfer

- *31. März 1962: Klaus Jung, 8 Jahre*
- *6. August 1965: Peter Fuchs, 13 Jahre*

- *14. August 1965: Ulrich Kahlweiß, 12 Jahre*
- *6. Mai 1966: Manfred Graßmann, 11 Jahre*

Bartsch überredete seine Opfer, ihn in den ehemaligen höhlenartigen Luftschutzbunker in Langenberg-Oberbonsfeld, Heeger Straße (heute Velbert-Langenberg) zu begleiten. Dort zwang er sie, sich zu entkleiden und nahm sexuelle Handlungen an ihnen vor. Dann tötete er sie und zerstückelte die Leichen.

Am 18. Juni 1966 streifte Bartsch durch Wuppertal-Elberfeld, wo er ein weiteres Opfer, den 14-jährigen Peter F., traf. Im Luftschutzbunker zwang er den Knaben mit Schlägen und Fußtritten dazu, sich zu entkleiden. Er fesselte F. und versuchte, ihn zu vergewaltigen. Mit der Ankündigung, er werde bald zurückkommen und ihn töten, verließ Bartsch den Bunker. F. gelang es, die Fesseln mittels einer Kerze durchzusengen und zu fliehen.

Nach der Flucht des Jungen wurde eine polizeiliche Suchaktion nach dem Täter gestartet. Die Polizei fand im Bunker die Überreste der vier Opfer. Der 19-jährige Metzgergeselle Bartsch wurde durch Hinweise des Langenberger Malermeisters B.[4] als Täter identifiziert und drei Tage nach der Tat, am 21. Juni 1966, durch die Polizei festgenommen.

Bartsch bekannte sich offen zu seinen Taten. Am 27. November 1967 begann der Prozess vor dem Landgericht Wuppertal unter großer Beachtung der Medien und der Öffentlichkeit, national wie international. Das Gericht betrachtete Bartsch als voll zurechnungsfähigen Erwachsenen und verurteilte ihn am 15. Dezember 1967 zu lebenslanger Zuchthausstrafe. Die Strafverteidigung erfolgte zunächst von Rechtsanwalt Alfred Linten aus Essen und wurde fortgeführt vom Münchner Rechtsanwalt Rolf Bossi.

Im Jahr 1969 legte Bossi Revision beim Bundesgerichtshof ein, der daraufhin das erstinstanzliche Urteil aufhob. Danach wurde der Fall vor der Jugendkammer des Düsseldorfer Landgerichts neu verhandelt. Rolf Bossi übernahm erneut die Verteidigung. In diesem Prozess ging es allein um die Frage, ob der Angeklagte für die Taten, die er umfassend gestanden hatte, verantwortlich sei. Während des Prozesses spielten die Manipulationen durch den Erzieher Pütz eine Rolle und wurden medial durch den Spiegel kommentiert.[5] Am 6. April 1971 wurde Bartsch zu einer Jugendstrafe von zehn Jahren und einer anschließenden Unterbringung in der Heil- und Pflegeanstalt Eickelborn verurteilt. Dort heiratete Bartsch 1974 eine Schwesternhelferin aus Hannover.

Im Januar 1968 nahm der in Deutschland lebende US-amerikanische Journalist Paul Moor schriftlichen Kontakt zu Bartsch auf. In der Zeit bis April 1976 erhielt er 250 Briefe von ihm. Bartsch nahm die Gelegenheit wahr, sehr ausführlich aus seiner Lebensgeschichte zu erzählen. In Moor hatte er seinen ersten und einzigen verlässlichen und aufmerksamen Zuhörer, der mit Fragen nachhakte, wobei die Fragen häufig psychoanalytisch orientiert waren. Das dabei gesammelte Material verarbeitete Moor zu dem 1972 erschienenen Buch mit dem Titel „Das Selbstporträt des Jürgen Bartsch".

Da er weiter von Mordfantasien begleitet wurde, strebten Bartsch und sein Anwalt ab 1973 eine Gehirnoperation an. Im Dezember 1974 wurde Bartsch von den Ärzten des Universitätsklinikums des

Saarlands jedoch mitgeteilt, dass bei ihm eine solche Operation nicht möglich sei.[6] Um dem lebenslangen Aufenthalt in der Psychiatrie zu entgehen, beantragte Bartsch daraufhin seine Kastration. Zuvor hatte er diese strikt abgelehnt.

Er wurde im Landeskrankenhaus Eickelborn operiert. Die Narkose erfolgte, wie 1976 an kleinen Krankenhäusern oftmals noch üblich, ohne Anästhesist unter der Verantwortung des Operateurs. Bei der Narkose kam es zu einer Verwechslung zweier Chemikalien, so dass das Mittel Halothan durch Verwendung eines dafür ungeeigneten Methoxyfluran-Verdampfers zehnfach überdosiert wurde. Als Folge davon erlitt Bartsch nach der erfolgreichen Operation einen tödlichen Kreislaufzusammenbruch. Ein ähnlicher Fehler war dem behandelnden Arzt bereits zuvor

Jürgen Bartsch wurde in Essen ohne Angabe von Namen oder Lebensdaten erdbestattet.

Anmerkung vom Verfassser: So viel zum Thema christlich-abendländischer Humanismus und Bestattungskultur.

1921: Karl Großmann ermordet mindestens 20 Menschen in Berlin und verspeist sie. Großmann erhängt sich vor dem Ende der Hauptverhandlung 1921.

1924: Karl Denke ermordet in Münsterberg (heute Polen) mindestens 31 Menschen und isst seine Opfer dann oder verkauft das Fleisch. Denke erhängt sich 1924 in der Nacht seiner Verhaftung.

1925: Friedrich Haarmann (Schlächter von Hannover) beißt zwischen September 1918 und Juni 1924 24 jungen Männern die Kehle durch und zerstückelt die Leichen mit einem Beil. Haarmann wird im Dezember 1925 enthauptet.

1936: Adolf Seefeld missbraucht und ermordet zwischen 1933 und 1935 vor allem in Mecklenburg-Vorpommern 19 Jungen. Seefeld wird 1936 in Schwerin hingerichtet.

1938: Peter Kürten (Der Vampir von Düsseldorf) tötet 13 Menschen. Ihm wird auch Brandstiftung und Tierquälerei vorgeworfen. Kürten wird durch Enthauptung hingerichtet.

1943: Bruno Lüdke ermordet seit 1923 in der Umgebung von Berlin nach eigenen Angaben 84 Frauen. Lüdke wird 1943 verhaftet und ohne Prozess hingerichtet.

1960: Heinrich Pommerenke (Ungeheuer vom Schwarzwald) ermordet mindestens elf Frauen und schändet anschließend die Leichen. Pommerenke wird im Oktober 1960 zu sechs Mal lebenslänglich verurteilt.

1972: Erwin Hagedorn ermordet in Eberswalde mindestens drei Jungen zwischen 1969 und 1971. Hagedorn wird im Mai 1972 zum Tode verurteilt und durch einen Nahschuss getötet.

1973: Arwed Imiela (Blaubart von Fehmarn) tötet vier Frauen und erhält im Mai 1973 dafür eine lebenslange Freiheitsstrafe.

1977: Fritz Honka ermordet im Hamburger Stadtteil St. Pauli vier Prostituierte und zerstückelt sie. Honka wird für 15 Jahre in eine psychiatrische Anstalt eingewiesen.

1978: Joachim Kroll (Menschenfresser von Duisburg) tötet mindestens zehn Menschen. Er wird zu acht Mal lebenslänglich verurteilt.

1992: Wolfgang Schmidt (Die Bestie von Beelitz) ermordet mindestens sechs Frauen und schändet die Leichen. Schmidt wird im November 1992 zu einer lebenslangen Haftstrafe verurteil1995:

Thomas Holst (Heidemörder) vergewaltigt zwischen 1987 und 1990 mindestens drei Frauen und erdrosselt sie dann. Holst wird 1995 zu zwei Mal lebenslanger Haft verurteilt.

2001: Olaf Däter tötet fünf alte Frauen in Bremerhaven aus Habgier durch Ersticken und raubt sie dann aus. Däter wird im November 2001 zu lebenslanger Haft verurteilt.

Martin Ney

Martin Ney (12. Dezember 1970 in Bremen) ist ein deutscher Serienmörder. Ihm werden mindestens drei Morde und mehr als 40 Sexualdelikte an Kindern zugeschrieben, bei denen er meist in Schullandheime einstieg. Einige seiner Taten verübte er auch in Zeltlagern, Privathäusern und an anderen Orten. Ney, der seine erste bekannt gewordene Tat 1992 beging, wurde in der Presse auch Maskenmann und schwarzer Mann genannt. Nach seiner Verhaftung am 15. April 2011 gestand der zu diesem Zeitpunkt 40-jährige Pädagoge Ney drei Morde.[2] Bei zwei weiteren besteht Tatverdacht. Ney wurde am 27. Februar 2012 vom Landgericht Stade unter anderem wegen dreifachen Mordes zu einer lebenslangen Freiheitsstrafe verurteilt. Das Gericht stellte darüber hinaus die besondere Schwere der Schuld fest.*

1992 begann eine Missbrauchsserie an Jungen, vorwiegend in Norddeutschland. Ney, der als groß und kräftig beschrieben wurde, drang stets nachts und maskiert in Schullandheime, Zeltlager und Jugendheime ein, um sich an Jungen zu vergehen. Ab 1994 brach er auch in Einfamilienhäuser ein.

Ney hat neben etwa 45 versuchten oder vollendeten Missbrauchsdelikten auch drei Morde in Norddeutschland begangen. Im Fall von zwei weiteren Tötungsdelikten im Westen Frankreichs und den Niederlanden gilt er als tatverdächtig. Auffallend ist der Dreijahresrhythmus (1992, 1995, 1998, 2001, 2004) der mutmaßlichen Mordserie.

Am 3. März 1992 entdeckte die Begleiterin einer Schulklasse in einem Kinderheim in Hepstedt in einem leeren Schlafsaal einen maskierten Mann, der kurz darauf durch eine Terrassentür floh. Wenige Tage später versuchte ein maskierter Mann, einen 11-jährigen Jungen zu missbrauchen, flüchtete aber, als dieser zu schreien begann. Zwischen April und Juni 1992 wurde der Maskierte noch zweimal von Schülern gesehen, ehe er eines Nachts im August mehrere Kinder weckte und unsittlich berührte. Im September trat der Unbekannte an das Bett eines Jungen und forderte diesen auf, sich auszuziehen. In einer Oktobernacht sprach der Maskenmann hintereinander fünf Kinder an, von denen er anschließend drei missbrauchte. Nach diesen Vorfällen wurde im Schullandheim ein Bewegungsmelder installiert und die Türschließanlage erneuert.

Ebenfalls im März 1992 begann eine Serie ähnlich gelagerter Vorfälle im Schullandheim Badenstedt in Zeven, als ein Unbekannter in der Nacht versuchte, einen 13-Jährigen zu missbrauchen. Im August desselben Jahres verging sich der vermutlich gleiche Täter in der Toilette des Schullandheimes an einem 10-jährigen Jungen. Im September 1992 berührte er einen 9-Jährigen unsittlich, nachdem er ihn aus seinem Bett in einen Nebenraum getragen hatte. Im Mai 1994 missbrauchte der mutmaßliche Serientäter einen 11-Jährigen und ziemlich genau ein Jahr darauf wiederholte er das Delikt an einem 10-jährigen Jungen. Im Oktober 1995 versuchte er einen 13-Jährigen anzufassen, flüchtete aber, als dieser sich zur Wehr setzte und Zimmerkollegen aufweckte. Im Juni 1998 schlug er in Badenstedt letztmals zu, als er erneut versuchte, zwei Jungen unsittlich zu berühren, die sich jedoch wehrten.

*Schullandheim Wulsbüttel – Mord an Dennis Klein (2001)*Im Juni 1995 missbrauchte ein Täter einen 10-jährigen Austauschschüler in Wulsbüttel und flüchtete durch ein Zimmerfenster. Im Juli 1999 weckte ein Mann einen 8-jährigen Jungen, brachte ihn ins Untergeschoss des Hauses und missbrauchte ihn. Am 5. September 2001 verschwand der 9-jährige Dennis Klein nachts aus seinem Zimmer. Vierzehn Tage später wurde der Junge von einem Pilzsammler in einem dichten Gebüsch an einem Waldweg zwischen Kirchtimke und Hepstedt ermordet aufgefunden.[4]*

Weitere Straftaten in Schullandheimen – Morde an Stefan Jahr (1992) und Jonathan Coulom (2004)

Im März 1992 sah eine Lehrerin im Flur des Schullandheims Cluvenhagen einen Mann, der einen schlaftrunkenen Jungen bei sich hatte, der sich nicht wehrte. Als der Täter die Lehrerin bemerkte, floh er. Am frühen Morgen des 31. März 1992 verschwand der 13-jährige Stefan Jahr aus einem Internat in Scheeßel. Fünf Wochen später wurde seine Leiche mit auf dem Rücken gefesselten Händen in den Verdener Dünen vergraben aufgefunden. Am 9. April 1995 verging sich ein Mann nachts an einem Jungen in der Jugendherberge Bademühlen. Am 7. April 2004 verschwand der 11-jährige Jonathan Coulom aus einem Schullandheim in Saint-Brévin-les-Pins in Westfrankreich. Im Mai wurde seine entkleidete, gefesselte und mit einem Betonblock beschwerte Leiche in einem rund 30 Kilometer entfernten Teich aufgefunden.

Zeltlagerserie – Morde an Dennis Rostel (1995) und Nicky Verstappen (1998)

Die Taten dieser Serie begannen im August 1992, als ein maskierter Täter einen 9-Jährigen und ein weiteres Kind im Zeltlager Selker Noor sexuell missbrauchte. Im Juli 1994 begab sich der Täter nacheinander in zwei Zelte eines Zeltlagers in Otterndorf und weckte sieben Jungen im Alter von 8 bis 9 Jahren, die er anschließend unsittlich berührte. Ende August 1994 wachte ein 13-Jähriger im Zeltlager Selker Noor auf, als der Täter ihn anfasste. Nach etwa zehn Minuten verschwand der maskierte Mann. Zwei Tage später berührte der unbekannte Täter erneut einen anderen 13-Jährigen im Zeltlager Selker Noor. In der Nacht auf den 24. Juli 1995 verschwand der 8-jährige Dennis Rostel aus dem Zeltlager Selker Noor. Zwei Wochen später fanden deutsche Touristen bei Skive in Dänemark seine in einer Sanddüne vergrabene Leiche. Am Morgen des 10. August 1998 verschwand der 11-jährige Nicky Verstappen aus einem Zeltlager bei Brunssum in den Niederlanden auf ungeklärte Weise. Er wurde am nächsten Tag einen Kilometer entfernt in einer Fichtenschonung ermordet aufgefunden, die Todesursache konnte nicht eindeutig ermittelt werden.
Einfamilienhausserie
Ein maskierter Täter drang in der Zeit ab April 1994 in mehrere Einfamilienhäuser im Raum Bremen, vornehmlich im Stadtteil Horn-Lehe, ein und missbrauchte dort Jungen. Die Taten wichen im Vorgehen des Täters in einigen Details von der üblichen Vorgehensweise ab, allerdings ist laut den Ermittlern ein Serienzusammenhang anzunehmen. Die Polizei gab, obgleich Eltern darauf drängten, keine öffentliche Warnung heraus.[5]
Chronologische Übersicht der Taten

Die Aufzählung umfasst die Verbrechen, die dem Maskenmann bereits vor der Verhaftung von Martin Ney zugeschrieben wurden. Die Ermittlungen nach der Festnahme und auch der Prozess ergaben Hinweise auf weitere Missbrauchsfälle. Einige Taten, darunter die Morde an Nicky Verstappen und Jonathan Coulom, wurden von Ney geleugnet und konnten ihm bisher nicht zweifelsfrei nachgewiesen werden.

Datum	Tatort	Straftat	Be
Mär. 1992	Kinderheim Hepstedt	Hausfriedensbruch	
Mär. 1992	Kinderheim Hepstedt	versuchter Missbrauch	
Mär. 1992	Schullandheim Badenstedt	versuchter Missbrauch	
Mär. 1992	Schullandheim Cluvenhagen	versuchter Missbrauch	
Mär. 1992	Internat Scheeßel	Mord	
Aug. 1992	Kinderheim Hepstedt	multipler Missbrauch	
Aug. 1992	Schullandheim Badenstedt	Missbrauch	
Aug. 1992	Zeltlager Selker Noor	Missbrauch	
Sep. 1992	Schullandheim Badenstedt	Missbrauch	
Sep. 1992	Kinderheim Hepstedt	Missbrauch	
Okt. 1992	Kinderheim Hepstedt	multipler Missbrauch	
Mai 1994	Schullandheim Badenstedt	Missbrauch	
Juli 1994	Zeltlager Otterndorf	multipler Missbrauch	
Aug. 1994	Zeltlager Selker Noor	Missbrauch	
Aug. 1994	Zeltlager Selker Noor	Missbrauch	
Apr. 1995	Jugendherberge Bademühlen	Missbrauch	
Mai 1995	Schullandheim Badenstedt	Missbrauch	

Datum	Tatort	Straftat
Juni 1995	Schullandheim Wulsbüttel	Missbrauch
Juli 1995	Zeltlager Selker Noor	Mord
Okt. 1995	Schullandheim Badenstedt	versuchter Missbrauch
Juni 1998	Schullandheim Badenstedt	versuchter multipler Missbrauch
Aug. 1998	Zeltlager Brunssum, NL	Mord
Juli 1999	Schullandheim Wulsbüttel	Missbrauch
Sep. 2001	Schullandheim Wulsbüttel	Mord
Apr. 2004	Schullandheim Saint-Brévin-les-Pins, FR	Mord

Ermittlungen

Im Zusammenhang mit der Ermordung des Dennis Klein wurde durch die zuständige Polizei Verden eine Sonderkommission gebildet (SoKo „Dennis"). Im Rahmen der Ermittlungsarbeit konnten die Morde und teilweise bis dato den Ermittlungsbehörden nicht bekannte Missbrauchsfälle in einen engeren Kontext gesetzt und anhand der Zeugenaussagen sowie nahezu identischen Tatabläufen einem mutmaßlichen Täter zugeordnet werden.[6] Das Bayerische Landeskriminalamt unterstützte die SoKo „Dennis" mit der Erstellung einer Operativen Fallanalyse.[7]

Täterbeschreibung

Laut Fallanalysen des Fallanalytikers Alexander Horn sollte es sich bei dem Täter um einen auffallend großen, stämmigen und mit einer tiefen Stimme hochdeutsch sprechenden Mann im Alter zwischen 30 und 50 Jahren handeln. Er sollte sich in Norddeutschland, vor allem in der Gegend um Bremen,

*gut auskennen und eventuell dort sogar wohnen.[4]
Anfang der 1990er Jahre sollte er einen Bezug zu der
Gegend um die Orte Hepstedt und Badenstedt gehabt
haben.[8]*

*Bei seinen Taten trug der Mann jeweils dunkle
Kleidung, eine Maske und Handschuhe. In allen Fällen
gelang es ihm so, die Kinder einzuschüchtern. Der
anfangs als sportlich beschriebene Täter legte im Laufe
der Jahre an Gewicht zu. Er war meist mit dem Auto
unterwegs und schien möglicherweise Erfahrungen im
Umgang mit Kindern zu haben. Man nahm an, dass er
alleinstehend und sozial integriert lebte, eine pädophile
Neigung zu Jungen im engeren Familien- und
Freundeskreis allerdings durchaus bemerkt worden
sein könnte.*

*Auffällig war zudem eine gewisse Risikobereitschaft
des Täters, der sich an vielen Tatorten einer möglichen
Entdeckung aussetzte. Darüber hinaus hatte er
insbesondere die drei deutschen Mordopfer über
weitere Strecken mit dem Auto transportiert, im Fall
von Dennis Rostel sogar mehr als 250 Kilometer über
die damals noch bewachte Grenze nach Dänemark.
Dennoch war es ihm stets gelungen, kaum Spuren zu
hinterlassen. Die Ermittler gingen daher von einem
intelligenten Täter aus, der seine Handlungen
vermutlich in einem ihm vertrauten Umfeld ausführte
und vorher entsprechend plante.*

*Laut dem Kriminalisten Stephan Harbort war der Täter
als extrem gefährlich einzustufen: „Das ist ein Mensch
mit hohem Planungsvermögen. Er ist in der Lage, das
Vertrauen von Kindern zu gewinnen." Wer die
Disziplin aufbringe, dies zwölf Jahre lang
durchzuhalten, habe ein Stadium erreicht, an dem*

keinerlei Tötungshemmung mehr vorhanden sei. „Ein solcher Mensch tötet dann nicht mehr nur Kinder. Da kann ein banaler Streit mit jedem gewöhnlichen Menschen schon ausreichen, um einen Mord zu begehen." [9]

Fahndungen

Trotz Überprüfung sämtlicher Verwandter und Bekannter der Opfer sowie einem Massen-DNA-Test an Hunderten Männern aus Norddeutschland[10] blieb Ney zunächst unentdeckt. Sonderkommissionen aus Deutschland, den Niederlanden und Frankreich arbeiteten in dem Fall eng zusammen.

Auf den Täter und seine Verbrechen wurde auch mehrmals im Fernsehen aufmerksam gemacht, unter anderem in Sondersendungen bei Stern TV, Spiegel TV, Kriminalreport, Ungeklärte Morde und Galileo. Zudem wurden Berichte über die Verbrechen dreimal bei Aktenzeichen XY ... ungelöst[11] ausgestrahlt, ohne jedoch entscheidende Hinweise von Zuschauern zu erhalten.[12]

Die Polizei ging rund 7.800 Hinweisen nach, ohne dass es dabei zu einem Durchbruch kam.[4] Im August 2010 meldete sich ein Zeuge bei der Polizei, der im Internet eine alte Dokumentation zur Mordserie gesehen hatte, die bei ihm eine Erinnerung weckte. Er gab an, bei einem frühmorgendlichen Jogginglauf in der Nähe des Entführungsortes den Täter zusammen mit dem Opfer Dennis Klein im Auto auf einem Waldweg gesehen zu haben, woraufhin eine sogenannte Situationsskizze angefertigt und am 10. Februar 2011 veröffentlicht wurde.[13]

Festnahme

Am 15. April 2011 gab die Polizei die Festnahme eines dringend Tatverdächtigen bekannt. Der entscheidende Hinweis kam von einem früheren Opfer, das 1995 von einem maskierten Täter in seinem Elternhaus missbraucht worden war und sich im Zuge der im Februar 2011 veröffentlichten Situationsskizze daran erinnert hatte, dass es einige Monate vor dem Missbrauch von dem Betreuer einer Kinderfreizeit über seine Wohnsituation ausgefragt worden war. Der damals 40-jährige Ney aus Hamburg-Harburg, der bis September 2000 in Bremen gewohnt hatte, legte nach ersten Vernehmungen ein Geständnis ab. Er gab zu, Stefan Jahr, Dennis Rostel und Dennis Klein ermordet und etwa 40 weitere Kinder missbraucht zu haben. Ein Bewegungsprofil sollte Aufschluss darüber liefern, ob Ney noch weitere Taten, darunter auch die beiden von ihm geleugneten Morde an Nicky Verstappen und Jonathan Coulom, zuzuschreiben sind.[14]

Ermittlungserkenntnisse

Bei seinen Vernehmungen gab Martin Ney an, die drei von ihm gestandenen Morde begangen zu haben, um den sexuellen Missbrauch zu verdecken und nicht als Täter identifiziert werden zu können. Stefan Jahr erdrosselte er nach eigener Aussage in der Nacht seines Verschwindens, weil er ihn in seinem Auto mitgenommen und befürchtet hatte, dass dieser sein Kraftfahrzeugkennzeichen bemerkt haben könnte. Auch Dennis Rostel hatte er in seinem Wagen befördert und mit ihm einige Tage in einem Ferienhaus bei Holstebro in Dänemark verbracht, bevor er ihn erwürgte. Dennis Klein erstickte er, weil dieser sich gegen den Missbrauch lautstark zur Wehr gesetzt haben soll.[15]

Bereits vor seiner Verhaftung war Martin Ney aus unterschiedlichen Gründen mehrfach polizeilich aufgefallen. Nachdem er im Alter von 17 Jahren zwei Elternpaaren aus Bremen mit der Entführung und Tötung ihrer Kinder gedroht hatte, wurde er 1989 wegen der dabei versuchten Erpressung von 150.000 DM nach Jugendstrafrecht zum Verrichten gemeinnütziger Arbeit verurteilt.

Als diese Vorstrafe mit Vollendung seines 24. Lebensjahrs aus dem Erziehungsregister gelöscht worden war, bewarb sich Martin Ney 1995 beim Amt für Soziale Dienste in Bremen um einen Pflegesohn. Der junge und alleinstehende Student, der zu diesem Zeitpunkt in einer Einzimmerwohnung und von 870 DM Bafög lebte, galt zwar als ungewöhnlicher Kandidat für eine solche Funktion, aufgrund der geringen Anzahl von verfügbaren Pflegeeltern akzeptierte ihn das Jugendamt jedoch als Pflegevater.

Eine Vormundschaftsrichterin vom Amtsgericht Bremen-Blumenthal, vor dem sich Ney als Jugendlicher wegen der versuchten Erpressung zu verantworten gehabt hatte, sprach dem zu diesem Zeitpunkt zweifachen Kindermörder 1996 das Sorgerecht für einen zwölfjährigen Jungen zu. Dieser lebte bis zu seiner Volljährigkeit bei Ney, wurde nach eigenen Angaben aber nie von ihm sexuell missbraucht.

Nach Abschluss seines Lehramtsstudiums brach Ney das sich anschließende Referendariat vor dem zweiten Staatsexamen ab und bewarb sich 2000 mit gefälschten Hochschulzeugnissen als Diplom-Sozialpädagoge auf eine Stelle zur Kinderbetreuung bei einer Hamburger Stiftung, die er bis Anfang 2008 innehatte. Bereits in den Jahren zuvor war Ney neben seinem Studium als

Jugendbetreuer tätig gewesen und hatte sich so auch mit einigen Opfern und Örtlichkeiten vertraut machen können.

2005 wurde ihm sexueller Missbrauch in zwei minder schweren Fällen vorgeworfen, das Verfahren wurde gegen Zahlung einer Geldauflage von 1.800 Euro jedoch eingestellt. 2006 drohte Ney einem Sozialarbeiter aus Berlin, ihn wegen des Besitzes von Kinderpornografie anzuzeigen, und forderte für sein Schweigen 20.000 Euro. Daraufhin wurde er im selben Jahr wegen versuchter Erpressung zu einer Freiheitsstrafe von zehn Monaten auf Bewährung verurteilt.

Im Zuge dieser Ermittlungen stellte die Polizei bei der Durchsuchung von Neys Wohnung im März 2006 auch seinen Computer sicher, auf dem unter anderem etwa 30.000 Fotos mit kinderpornografischen Darstellungen entdeckt wurden. Da nicht geklärt werden konnte, wann die Bilder auf dem Rechner gespeichert worden waren und wann der letzte Zugriff darauf erfolgt war, stellte die Staatsanwaltschaft das Verfahren wegen vermuteter Verjährung im Jahr 2007 ein. Dass auf einigen der in der Asservatenkammer der Hamburger Polizei verwahrten Fotos frühere Opfer abgebildet waren, wurde nicht erkannt.

Im Dezember 2007 wurde Martin Ney erstmals von der SoKo Dennis befragt, da sich bei ihm mittels der Rasterfahndung Übereinstimmungen mit dem Täterprofil ergeben hatten. Dabei verneinte er jeden sexuellen Bezug zu Kindern. Die Aufforderung zur Abgabe einer Speichelprobe, der er 2008 freiwillig nicht nachkam, konnte mangels hinreichenden Tatverdachtes rechtlich nicht durchgesetzt werden.[16]

Nach seiner Verhaftung wurde Neys Computer abermals beschlagnahmt, sein Nachmieter entdeckte im November 2011 zudem mehrere Speichermedien, die unter einer Dunstabzugshaube in seiner ehemaligen Wohnung versteckt waren. Den Ermittlern gelang es nicht, das Passwort herauszufinden und die so gesicherten Daten einzusehen. Martin Ney verweigerte die Nennung des Kennworts mit dem Hinweis auf den Schutz von Familie und Freunden. Die Wahrscheinlichkeit, den komplexen Zugangscode ohne seine Mithilfe entschlüsseln zu können, wurde trotz des Einsatzes modernster Technik als gering eingestuft. [17]

Verurteilung

Am 15. Juli 2011 erhob die Staatsanwaltschaft wegen dreifachen Mordes und sexuellen Missbrauchs in 20 Fällen Anklage gegen Ney. Rund 20 weitere Missbrauchsfälle waren bereits verjährt. Am 10. Oktober begann der Prozess vor dem Landgericht Stade, wobei sich der Angeklagte geständig zeigte. Psychologische Gutachter attestierten ihm eine pädophile Störung, aufgrund seines gesteuerten Tatvorgehens jedoch volle Schuldfähigkeit sowie eine anhaltende Gefährlichkeit mit möglicher Rückfallgefahr. Während des Prozesses ergaben sich Hinweise auf weitere Missbrauchstaten in den 2000er Jahren und somit eine erhöhte Rückfallwahrscheinlichkeit.

Am 27. Februar 2012 wurde Martin Ney schließlich wegen Mordes zur Verdeckung von Straftaten an Stefan Jahr, Dennis Rostel und Dennis Klein sowie 20 Missbrauchsdelikten zu einer lebenslangen Freiheitsstrafe mit anschließender

Sicherungsverwahrung verurteilt. Zudem stellte das Gericht die besondere Schwere der Schuld fest. Die Verteidiger von Ney legten gegen das Urteil hinsichtlich der angeordneten Sicherungsverwahrung Revision ein.[18]

Am 10. Januar 2013 gab der Bundesgerichtshof der Revision statt und hob die verhängte Sicherungsverwahrung auf. Dies wurde mit dem Hinweis begründet, dass nach derzeitiger Rechtslage die Sicherungsverwahrung nur zu einem unerlässlichen Schutz der Allgemeinheit angeordnet werden kann. Da der BGH die besondere Schwere der Schuld bestätigt hat, wird sich die bei einer lebenslangen Freiheitsstrafe übliche Mindesthaftdauer von 15 Jahren verlängern. Eine Strafaussetzung zur Bewährung kann zudem nur infolge einer nachweislichen Ungefährlichkeit des Verurteilten erfolgen. Ein derartiger Nachweis würde jedoch auch den Vollzug der Sicherungsverwahrung aussetzen. Andernfalls ist davon auszugehen, dass Martin Ney dauerhaft in Haft bleibt, möglicherweise bis zu seinem Lebensende.[19]

Der Mittagsmörder

Als Mittagsmörder ist in den 1960er Jahren ein deutscher Serienmörder bezeichnet worden, der aus Habgier mindestens sieben Menschen getötet hatte. Den Namen erhielt er, weil er die Raubüberfälle und Morde vorwiegend in der Mittagszeit beging. Der Täter Klaus G. (1940 in Frankfurt (Oder)) wurde im Februar 2015 aus dem Gefängnis entlassen. Er war mit 50 Jahren Haft der in Bayern am längsten einsitzende Gefangene.[1]*

Leben

Als Sohn eines Berufsoffiziers, der seit Februar 1945 als vermisst galt, wuchs Klaus G. mit seinem Bruder bis 1945 im ostbrandenburgischen Meseritz und ab 1949 in Hersbruck auf. Nach fünf Jahren Volksschule wechselte Klaus G. 1951 auf die Oberrealschule Hersbruck. Dort musste er eine Klasse wiederholen und fiel durch die Reifeprüfung. Er wechselte auf die Oberschule in Ingolstadt und machte dort im Juli 1962 sein Abitur. Im Herbst desselben Jahres begann er an der Höheren Wirtschaftsfachschule der Stadt Nürnberg ein Studium der Volkswirtschaft, das er jedoch abbrach.

Im Sommer 1964 meldete er sich als Offizierbewerber und rückte noch im Oktober ein. Nach seiner Ausbildung bei verschiedenen Pioniereinheiten in Koblenz und München bemühte er sich wiederholt um seine Entlassung. Als diese ausblieb, desertierte er im April 1965 und lebte fortan unter falschen Namen in Nürnberg und Umgebung.

Verbrechen

Klaus G. hat bei seinen Raubüberfällen im Raum Nürnberg zwischen 1960 und 1965 zwei Frauen und fünf Männer erschossen. Auffallend war die Tatsache, dass der Täter bei vermeintlichem oder tatsächlichem Widerstand sofort von der Schusswaffe Gebrauch machte und sich seine Taten stets um die Mittagszeit ereigneten.

Die erste Tat ereignete sich am 22. April 1960 in der Tuchergartenstraße in Nürnberg, als G. eine ältere Frau in ihrer Wohnung überfiel. Als diese um Hilfe rief, eilten eine Untermieterin und deren Verlobter herbei, die daraufhin beide vom Täter erschossen wurden. G. floh ohne Beute und ließ die Wohnungsinhaberin lebend zurück. Diese alarmierte die Polizei und lieferte ihr eine gute Täterbeschreibung. Trotz einer Alarmierung sämtlicher Polizeidienststellen in Nürnberg und Umgebung konnte der Flüchtige nicht gefasst werden. Die Beamten gingen anschließend hunderten Hinweisen aus der Bevölkerung nach und sichteten mit der Wohnungsinhaberin rund 2000 Fotos aus der Verbrecherkartei. Zudem wurden Fingerabdrücke verglichen, Verbindungen zu ähnlichen Überfällen gesucht und dutzende Gegenüberstellungen durchgeführt. Als Tatwaffe wurde eine belgische Selbstladepistole der Marke Fabrique Nationale Herstal, Kaliber 7,65 mm identifiziert.

Nach rund einem Jahr ohne Erfolg starteten die Ermittler eine der größten Fahndungsaktionen in der Geschichte der Bundesrepublik. Dabei wurden sämtliche Männer der Jahrgänge 1939 und 1940 überprüft, die zur Tatzeit in Nürnberg gewohnt hatten, insgesamt 50.366 Personen. Die Beamten überprüften auch 1.174 Männer aus der Partnervermittlung, in der die überlebende Wohnungsbesitzerin arbeitete.

Am 10. September 1962 erfolgte das nächste Verbrechen. G. erschoss den Filialleiter der Sparkasse in Ochenbruck und entkam mit über 3.000 Mark Beute. Diesmal hatte er eine Walther PPK verwendet. Zeugen konnten seinen Fluchtweg bis zum Bahnhof verfolgen. Schon am 30. November überfiel G die Sparkassenzweigstelle in Neuhaus an der Pegnitz und erschoss einen Rentner, der sich des Überfalles nicht bewusst schien und in seine Brusttasche gegriffen hatte, um eine Brille hervorzuholen. Als Tatwaffe wurde diesmal eine Walther P38 verwendet.

Während die Beamten noch mit den Ermittlungen in den vorhergegangenen Verbrechen beschäftigt waren, wurden am 29. März 1963 in der Werkstatt eines Waffengeschäftes in Nürnberg der Besitzer und dessen Mutter erschossen. Durch die Projektile, Hülsen und individuellen Verfeuerungsmerkmale konnten als Tatwaffen dieselben Walther-Pistolen identifiziert werden, die bereits bei den tödlichen Schüssen in Ochenbruck und Neuhaus benutzt worden waren. Gegen das männliche Mordopfer waren Ermittlungen wegen möglicher illegaler Waffengeschäfte gelaufen.

Am 1. Juni 1965 verübte G. in einem Nürnberger Kaufhaus sein letztes Verbrechen. Nach dem Versuch, einer Kundin die Handtasche zu entwenden, verfolgten ihn mehrere Passanten. Polizisten verhafteten G. nach einer Schießerei, bei der er einen Mann getötet und zwei weitere schwer verletzt hatte.

Verurteilung und Haft

Klaus G. trug zum Zeitpunkt seiner Festnahme unter anderem drei Pistolen, einen Totschläger und Feuerwerkskörper bei sich. G. leugnete anfangs die Verbrechen, doch konnten eine der bei ihm befindlichen

Pistolen sowie zwei weitere Pistolen, die sich in einer von ihm gemieteten Wohnung in Nürnberg befanden, als die Tatwaffen identifiziert werden. Diese waren bei Diebstählen in den Jahren 1959, 1960 und 1962 erbeutet worden. Bei einer Gegenüberstellung erkannte ihn ein Zeuge des Überfalls in Ochenbruck.

Mit diesen Beweisen konfrontiert, legte er ein Geständnis ab und offenbarte dabei auch seine Gleichgültigkeit den Opfern gegenüber. Unter anderem gab er zu Protokoll; „Er kam wie ein Wilder auf mich zugestürzt (...) Da ich diesen Angriff unbedingt abwehren wollte, habe ich deshalb noch ein drittes Mal auf den Mann gefeuert" (erster Mord in Nürnberg), „Wenn ich in die Sparkasse kam und die Pistole zückte, dann hatten sie alle die Pfoten hochzunehmen. Wenn sie das nicht taten, waren sie doch selbst schuld, wenn ich sie erschießen mußte" (zu den Sparkassen-Überfällen), „Ich hatte Angst, daß man mich festhalten würde, und mußte doch in Notwehr schießen" (letzter Mord in Nürnberg).

Auch das Geheimnis um die mittäglichen Tatzeiten konnte gelüftet werden. Er sei kein Frühaufsteher und habe den Vormittag für seine Vorbereitungen gebraucht.

Am 27. Juli 1967 wurde Klaus G. zu lebenslangem Zuchthaus verurteilt.

Anfang 2010 ordnete das Landgericht Regensburg Hafterleichterungen an, um G. langfristig auf Bewährung zu entlassen. Diese Entscheidung wurde jedoch vom OLG Nürnberg aufgehoben, da die Gefahr bestehe, dass G. erneut ein schweres Verbrechen begehe. Die hiergegen gerichtete Verfassungsbeschwerde hatte 2012 Erfolg. Nach der

Entscheidung des Bundesverfassungsgerichts wurde dieser nun auf ein Leben außerhalb der Justizvollzugsanstalt vorbereitet und am 26. Februar 2015 nach 50 Jahren Haft aus der JVA Straubing auf Bewährung entlassen.

Joachim Kroll

Joachim Georg Kroll (17. April 1933 in Hindenburg in Oberschlesien; † 1. Juli 1991 in Rheinbach) war ein deutscher Serienmörder, Vergewaltiger, Kinderschänder und Kannibale. Von Duisburg aus ermordete er zwischen acht und 14 Menschen und verzehrte diese teilweise. Seine Mordserie führte zu zahlreichen falschen Verdächtigungen von Männern, von denen sich einige deshalb umbrachten.*

Kroll wurde als sechstes von neun Kindern eines Bergmanns in Oberschlesien geboren und erhielt eine lediglich fünfjährige, lückenhafte Schulausbildung. Der stets als Schwächling geltende Bettnässer Kroll, der bei einem Test nach seiner Festnahme einen Intelligenzquotienten von 76 aufwies, begann früh, sich an geschlachteten Tieren zu vergehen. 1955, als er noch in Bottrop bei seinem Vater wohnte, begann er zu morden. Auslöser war vermutlich unter anderem der Tod der Mutter.

Mit dem Beginn der 1960er-Jahre kam Kroll nach Duisburg. Zuerst lebte er in einem Ledigenwohnheim in Duisburg-Huckingen und arbeitete als Toilettenreiniger bei Mannesmann. Dann zog er nach Duisburg-Laar. Er fand eine Anstellung als Wärter einer Waschkaue bei der Thyssen-Hütte im benachbarten Bruckhausen. Kroll galt bei seinen Arbeitskollegen als „unscheinbar" und „verschroben".

Im August 1965 beobachtete Kroll zufällig in Duisburg-Großenbaum einen Mann und dessen Freundin bei einem Rendezvous in einem VW Käfer. Als Kroll die Reifen zerstach, verließ der Mann seinen Wagen und wurde von Kroll attackiert und schwer verletzt. Der Freundin gelang es schließlich, mit ihrem Freund im

Auto zu flüchten. Trotz sofort alarmierter Polizei war der Täter nicht mehr auffindbar. Der Mann verblutete in den Armen seiner Freundin. 1967 versuchte Kroll dann erneut und gezielter, einen Menschen zu töten. Ein elfjähriges Mädchen, von Kroll schon bis zur Bewusstlosigkeit gewürgt, überlebte den Angriff jedoch, da sich unerwartet Arbeiter einer nahen Zeche näherten. Es folgten vollendete Morde.

Ein Jahrzehnt später, im Jahr 1976, wurde Kroll gefasst, nachdem er ein vierjähriges Mädchen aus der direkten Nachbarschaft entführt und ermordet hatte. Kroll versuchte die Eingeweide des toten Mädchens in der Toilette hinunterzuspülen, doch diese verstopfte. Die so aufmerksam gewordenen Polizisten, die das verschwundene Mädchen suchten, fanden in Krolls Dachgeschosswohnung eine Gefriertruhe mit in Plastiktüten abgepackten Überresten. In einem Kochtopf, der noch auf dem Herd stand, schwammen zwei Hände, zwei Füße, ein Unterarm und ein Oberarm des Mädchens in Salzwasser.

Der „Ruhrkannibale" wurde festgenommen. Während das Mädchen von dem zuständigen Laarer Pfarrer, der hier „die Tat eines vom Teufel besessenen Menschen" sah, beigesetzt wurde, hoffte Kroll noch auf eine baldige Freilassung "aus gesundheitlichen Gründen". Am 5. Oktober 1979 begann der Prozess, und am 8. April 1982 wurde der mittlerweile in den Medien als „Menschenfresser von Duisburg" bezeichnete Kroll, dem acht vollendete und ein versuchter Mord nachgewiesen werden konnten, schließlich zu einer lebenslangen Haft verurteilt. Kroll verstarb in Haft in der JVA Rheinbach an einem Herzinfarkt.

Infolge eines Justizirrtums war für eine von Krolls Taten ein Unschuldiger drei Jahre lang in Haft.
Mordopfer

- *8. Februar 1955: Weibliche Person, 19 Jahre alt, vergewaltigt und erstochen. In Lüdinghausen wurde ihr verstümmelter Körper gefunden.*
- *1956: Weibliche Person, 12, vergewaltigt und erwürgt in Kirchhellen (heute Teil von Bottrop).*
- *16. Juni 1959: Weibliche Person, 24, bei Rheinhausen ermordet. Ein Unschuldiger wurde deswegen verhaftet. Er erhängte sich im Gefängnis.*
- *26. Juli 1959: Weibliche Person, 16, vergewaltigt und erwürgt im Stadtpark von Essen. Aus ihren Hüften und ihrem Gesäß waren Streifen von Fleisch geschnitten worden.*
- *1962: Weibliche Person: 12, verschwand in Burscheid spurlos.*
- *23. April 1962: Weibliche Person, 13, vergewaltigt und erwürgt in Dinslaken-Bruckhausen. Ein Unschuldiger wurde verhaftet und verurteilt.*
- *4. Juni 1962: Weibliche Person, 12, ermordet in Walsum, (Duisburg). Aus ihrem Gesäß waren Streifen von Fleisch geschnitten worden. Ein Unschuldiger wurde verhaftet und wieder entlassen. Der Hass seiner Nachbarschaft trieb ihn in den Selbstmord im Oktober 1962.*
- *22. August 1965: Ein Mann und eine Frau wurden in Duisburg-Großenbaum attackiert. Der Mann starb an Messerstichen.*

- *13. September 1966: Weibliche Person, im Försterbusch Park nahe Marls erwürgt. Ihr Freund beging Selbstmord, nachdem man ihn fälschlicherweise verdächtigt hatte.*
- *22. Dezember 1966: Weibliche Person, 5, in Wuppertal vergewaltigt und in einem See ertränkt.*
- *12. Juli 1969: Weibliche Person, 61, vergewaltigt und erwürgt in der Nähe von Hückeswagen.*
- *21. Mai 1970: Weibliche Person, 13, wurde erwürgt, als sie von einem Bahnhof nach Hause ging. Ein Unschuldiger wurde festgenommen. 1976 gestand er die Tat fälschlicherweise, nachdem er von seinen Nachbarn gehetzt worden war.*
- *1976: Weibliche Person, 10, in Voerde vergewaltigt und erwürgt.*
- *3. Juli 1976: Weibliche Person, 4, Teile ihres Körpers waren in einem Kochtopf gesiedet, als Kroll festgenommen wurde.*

Rudolf Pleil

Pleil wurde in einem Dorf im sächsischen Erzgebirge geboren, das nahe an der Grenze zur damaligen Tschechoslowakei lag. Sein Vater war ein Industriearbeiter und Kommunist. Nach der Machtergreifung durch die Nationalsozialisten wurde er verhaftet und siedelte anschließend mit seiner Familie in den tschechischen Ort Weipert über. Im Alter von neun Jahren musste Pleil seine Eltern durch Grenzschmuggel unterstützen und wurde deswegen mehrfach verhaftet. Er besuchte die Schule nicht regelmäßig, da er für die arbeitslosen Eltern und seine Schwester Geld verdienen musste. Sein Bruder war früh verstorben und seine ältere Schwester wurde wegen ihrer Epilepsie aufgrund eines NS-Gesetzes zwangssterilisiert. Im Alter von dreizehn Jahren hatte er seine ersten sexuellen Erlebnisse mit einer Prostituierten.

Im Jahr 1939 verließ er mit fünfzehn Jahren sein Zuhause und begann eine Lehre als Fleischer, die er nach wenigen Wochen abbrach. Er verdingte sich als Schiffsjunge auf Frachtkähnen auf Elbe und Oder. Auch hier betrieb er nebenher kleinere, illegale Geschäfte. Im Sommer 1939 heuerte er als Maschinenjunge auf einem Handelsschiff nach Südamerika an. Nach Beginn des Zweiten Weltkriegs kam er zur Kriegsmarine, wurde dort wegen Diebstahls zu einem Jahr Gefängnis verurteilt. Am 26. Oktober 1943 wurde er für den Dienst als untauglich befunden, da er an epileptischen Anfällen litt. Nach der Entlassung arbeitete er als Kellner, litt aber weiterhin an Anfällen, weswegen er, nach einem ärztlichen Gutachten, ebenfalls zwangssterilisiert werden sollte.

Ein Bombenangriff zerstörte wenige Tage vor dem geplanten Termin den Operationssaal. Pleil hatte vorher bereits ein uneheliches Kind gezeugt, das von seiner Schwester in Pflege genommen wurde.[1]

Die mutmaßlichen Morde

Pleil wurde Koch in einem Arbeiterlager, wo er Katzen tötete und verspeiste. Nach dem Einmarsch der Roten Armee wurde er als Hilfspolizist in seinem Heimatdorf eingestellt. In dieser Zeit verspürte er Lust beim Töten, als er während eines Einsatzes bei einer Plünderung einen sowjetischen Soldaten anschoss und dessen blutende Wunde versorgen wollte. Pleil heiratete eine junge Frau, die von ihm ein Kind erwartete. Er stellte schnell fest, dass diese seinen Trieb nicht zu befriedigen vermochte, und begann des Nachts Frauen zu überfallen und zu bedrängen. Er gab zu, schon 1945 einige Morde begangen zu haben, was jedoch nicht nachgewiesen werden konnte. Danach arbeitete er als Handelsvertreter und machte wiederum nebenbei seine eigenen kleinen Geschäfte, was schließlich zu seiner Entlassung führte. 1946 siedelte er von Zöblitz aus nach Zorge im Südharz um.[1]

Zwischen 1946 und 1947 arbeitete Pleil als Grenzgänger im Harz und half zahlenden Personen, meist Frauen, die Grenze illegal nach Ost und West zu passieren. In diesen beiden Jahren erschlug und missbrauchte er zusammen mit seinen beiden Komplizen Karl Hoffmann und Konrad Schüßler mindestens zwölf Frauen. Am 18. April 1947 wurde Pleil nach dem Raubmord an dem Hamburger Kaufmann Hermann Bennen verhaftet, dessen Leiche von Axthieben zerstückelt im Zorgebach gefunden wurde.[2]

Die Frauenmorde

Von 1945 bis 1950 wurden 13 Polizisten im Grenzgebiet dieser Region ermordet, was dazu führte, dass die Polizei nur noch in Gruppen auf Streife gingen. Grenzgängern wie Pleil und seinen beiden Komplizen fiel es daher nicht schwer, den Kontrollen zu entgehen, zumal die Zuständigkeit der Polizei an der Zonengrenze endete und deren Verlauf nicht klar erkennbar war. Hinzu kam, dass die einzelnen Polizeiorgane wie Kriminalpolizei und Schutzpolizei nicht sehr effektiv zusammenarbeiteten. So kam es bei den Ermittlungen zu den Frauenmorden im Grenzgebiet zu einer schwerwiegenden Ermittlungspanne, als ein Schutzpolizist aus Vienenburg der Kriminalpolizei in der Humboldtstraße meldete, dass in einem dortigen Brunnen Leichenteile gefunden wurden. In besagtem Brunnen befanden sich tatsächlich die Leichen zweier Frauen, die Pleil getötet hatte. Da diesem Hinweis keine Beachtung geschenkt wurde, fielen Pleil und seinen Komplizen bis zu seiner Verhaftung mindestens drei weitere Frauen zum Opfer. [3] Erst als sich Pleil im Gefängnis in Celle als Henker bewarb und dort damit prahlte, dass er Erfahrungen auf dem Gebiet des Tötens habe und zwei seiner Opfer im Vienenburger Brunnen zu finden seien, wurde er mit den Morden an den Frauen im Grenzgebiet in Zusammenhang gebracht.[2]
Verurteilt wurde Pleil letztendlich für diese Taten:
1946

- *Am 19. Juli missbrauchte und tötete er eine etwa 25-jährige Frau im Wald zwischen Walkenried und Ellrich am Rande des*

Südharzes. Zum Mord benutzte er einen Hammer.

- *Am 19. August lockten Pleil und sein Komplize Karl Hoffmann eine 25-jährige Frau im oberfränkischen Grenzort Hof auf das Gelände des Güterbahnhofs. Hoffmann zertrümmerte ihr mit seinem Messer den Kopf, während Pleil sie schändete. Anschließend durchtrennte ihr Hoffmann die Kehle.*

- *Am 2. September begegnete den beiden am Grenzübergang Bergen eine 25-jährige Frau. Pleil erschlug sie mit einem Feldstein und verging sich an ihr. Hoffmann verscharrte die Leiche im Wald.*

- *Mitte September trafen sie eine 25-jährige Schwarzhändlerin. Von Trappstadt aus gingen sie gemeinsam in Richtung Zonengrenze. Im Wald tötete Hoffmann die Frau und raubte sie aus. Anschließend schnitt er ihr den Kopf ab.*

- *Ende November bot sich Pleil einer jungen Frau als Führer an, um sie über die Grenze zu schleusen. Im Wald zwischen Ellrich und Walkenried erlitt er stark alkoholisiert einen epileptischen Anfall. Als er wieder zu sich kam, lag das Mädchen erschlagen neben ihm.*

- *Am 12. Dezember raubten Pleil und Schüßler bei Nordhausen eine 55-jährige Witwe aus und schlugen mit Knüppeln auf sie ein. Die Frau überlebte diese Attacke, da die beiden es lediglich auf ihre Schnapsvorräte abgesehen hatten. Später war sie eine Belastungszeugin im Prozess.*

- *Am 14. Dezember tötete Pleil im Bahnwärterhäuschen von Vienenburg im Beisein von Konrad Schüßler eine 37-jährige Frau und warf die Leiche in einen Brunnen. Fünf Tage später fiel ihm dort eine 44-jährige Witwe zum Opfer, die er ebenfalls in den Brunnen warf.*

1947

- *Am 16. Januar boten Pleil und Hoffmann einer 20-jährigen Frau an, sie in die Ostzone zu führen. Pleil erschlug sie in der Nähe der Straße, die zwischen Abbenrode und Stapelburg verläuft. Die geschändete Leiche wurde anschließend in einen Bach geworfen.*
- *Mitte Februar erschlug Pleil in einem Wald bei Dudersieben eine 49-jährige Frau und Hoffmann raubte sie aus.*
- *Anfang März begingen Pleil und Hoffmann in der Nähe von Zorge innerhalb der sowjetisch besetzten Zone einen weiteren Frauenmord. Hoffmann tötete die unbekannte junge Frau mit seinem Messer und trennte ihr anschließend den Kopf ab. Dieser wurde später im britischen Sektor aufgefunden.*

Der Beginn des Prozesses vor dem Landgericht Braunschweig wurde auf den 31. Oktober 1950 festgesetzt.[4] Zuvor war Pleil bereits vom Landgericht Braunschweig wegen Totschlags zu 12 Jahren Haft verurteilt worden.

Hintergründe zur Verhaftung

Die häufigsten Hinweise auf Rudolf Pleil kamen aus dem Harz, aber auch in anderen Regionen wusste man noch von ihm und machte auf seine Person

aufmerksam. Eine Einwohnerin aus Hof in Oberfranken, die in den 1940er Jahren eine kleine Pension für Heimkehrer unterhielt und über die Zustände an der Grenze unterrichtet war, meinte sich noch eindrücklich an ihn erinnern zu können.[5]
Pleils Verhaftung erfolgte zunächst nicht wegen der Frauenmorde, sondern weil er im Streit auf einem Grenzgang den Kaufmann Hermann Bennen mit einem Beil erschlagen hatte. Bennen war sein zweites männliches Mordopfer. Das Gericht wertete Pleils Tat nur als Totschlag, da er zum Tatzeitpunkt stark angetrunken war. Wäre er des Mordes für schuldig befunden worden, hätte ihm die Todesstrafe gedroht. Die übrigen Verbrechen blieben unaufgeklärt, wofür ein oberflächliches Vorgehen von Polizei und Justizbehörden mitverantwortlich war. Dass viele der Opfer nicht aus der Gegend stammten, kommt hinzu. Es handelte sich oft um Menschen, die infolge des Krieges und der Nachkriegszustände entwurzelt waren. In der Haft in Celle bezichtigte Pleil sich schließlich selbst der weiteren Morde. In einem Memoirenheft mit dem Titel Mein Kampf breitete er die grauenhaften Einzelheiten prahlerisch aus. Pleil behauptete, insgesamt 25 Morde begangen zu haben und damit einen mehr als Fritz Haarmann, um sich als „größter Totmacher" überhaupt bezeichnen zu können.

Die Mittäter

- *Karl Hoffmann, 1913 in Hausdorf geboren, war Nadelsetzer von Beruf. Er galt als brutal, gefühllos und tötete, um an Diebesgut zu gelangen. Er verstarb 1976 im Gefängnis.*

Konrad Schüßler aus Leukersdorf im Erzgebirge war Fleischer, zur Tatzeit 18 Jahre alt und wurde Ende der 1970er Jahre begnadigt.

Prozess

Der Prozess gegen Rudolf Pleil und seine beiden Mittäter Karl Hoffmann und Konrad Schüßler in Braunschweig wurde im In- und Ausland von der Presse verfolgt. Ausländische Zeitungen schickten Reporter. Pleil genoss die Aufmerksamkeit um seine Person und versuchte, sich so oft wie möglich in den Mittelpunkt zu stellen. Bei seinen Ausführungen vor Gericht übertrieb er schamlos, was entsprechende Presseberichte zur Folge hatte. Lächelnd gestand Pleil im sogenannten „Braunschweiger Prozess" zahlreiche Morde an Frauen. Er prahlte, insgesamt 40 Morde begangen zu haben.[6]

Pleil wurde als mordende Bestie dargestellt. Er selbst spekulierte darauf, dadurch als geisteskrank eingestuft zu werden. Dann wäre er nicht zu einer Freiheitsstrafe verurteilt worden, sondern wäre, seiner Annahme zufolge, in die Psychiatrie gekommen. Diese Prozesstaktik ging nicht auf, drei Wochen nach Beginn des Prozesses, am 17. November 1950, wurden Pleil und seine beiden Mittäter jeweils wegen mehrfachen Mordes zu lebenslanger Haft verurteilt. Pleil erhängte sich am 16. Februar 1958 in seiner Zelle.[4]

Zeitzeugen und spätere Analysen

- *Jutta Schulz, damals Stenotypistin bei den Verhören von Pleil, beschrieb diesen folgendermaßen: Pleil sei damals kaum älter als sie selbst gewesen und dennoch war es ihr nicht möglich, sein wahres Alter zu schätzen.*

Seine Haare waren schon sehr dünn, er trug eine kleine runde Brille und sprach nur gebrochenes Deutsch. Aufgefallen sei ihr jedoch, dass er stets eine kleine Mappe bei sich hatte, in die er sich scheinbar Notizen machte. Er sei zudem sehr selbstbewusst aufgetreten und gab damit an, der „Totmacher" zu sein. Sie hielt ihn, ebenso wie die psychiatrischen Gutachter, für voll zurechnungsfähig, ihr Fazit lautete: „Er war ein Sadist und hat sich jede Tat vorher genau zurechtgelegt: Ich suche mir eine Frau, raube sie aus und dann mache ich sie kalt. Das war seine Logik. Der Kerl wusste ganz genau, was er tat."[7]

- *Erich Helmer, ehemaliger Gefängnisseelsorger, erinnert sich, dass er Pleil anfangs nur in Begleitung besuchen durfte, da dieser als gefährlich galt. Besonders ein Ereignis ist ihm dabei in Erinnerung geblieben: Als er Pleil aufsuchte, saß dieser weinend in seiner Zelle und zeigte ihm einen Brief aus England, in dem ihm christliche Frauen schrieben, dass sie für ihn beteten. An diesem Tage erhielt Helmer von Pleil zum Abschied drei Kladden, die dieser im Gefängnis verfasst hatte: eine Art Tagebuch mit dem Titel Mein Kampf – von Rudolf Pleil, Totmacher a.D., in dem er sich brüstete, 25 Morde begangen zu haben. Eine weitere Schrift trug den Titel Ohne Gnade werde ich totmachen Kind und Greis, und nach hundert Jahren soll man noch von mir sprechen. Es erzählte von Pleils Jugend und beschrieb seine Taten.[8]*

- *Der Kriminalpsychologe Ulrich Zander sagte in seiner Analyse über Pleil, dass er nicht dumm, sondern vielmehr sehr verschlagen gewesen sei. Ein von ihm begutachteter Brief Pleils zeige ein deutliches Spiegelbild des Egos von Pleil und dem Gesamtbild eines Mörders, der es für seine besondere Begabung hielt, ein „Totmacher" zu sein.[9]*

- *Im Jahr 2007 drehte der Filmemacher Hans-Dieter Rutsch für die ARD-Reihe Die großen Kriminalfälle den Dokumentarfilm Der Totmacher Rudolf Pleil über das Leben von Rudolf Pleil.[10]*

Marc Hoffmann

Marc Hoffmann (1. August 1973 in Plettenberg) ist ein deutscher Sexualstraftäter und Mörder. Er wurde im Juni 2005 wegen sexuellen Missbrauchs und der Ermordung von zwei Kindern zu einer lebenslangen Freiheitsstrafe mit anschließender Sicherungsverwahrung verurteilt. Es kann zudem nicht völlig ausgeschlossen werden, dass Hoffmann für weitere, bis heute ungeklärte Sexualstraftaten und Morde verantwortlich ist.*

Kindheit und Jugend

Marc Hoffmann wurde als Sohn eines ehemaligen Seemannes und einer Krankenschwester in Plettenberg im Sauerland geboren. Er wuchs als Einzelkind zunächst in Plettenberg auf, bevor die Familie 1980 in das kleine Dorf Nuttmecke bei Attendorn umzog, wo er und seine Eltern fortan mit seinen Großeltern ein gemeinsames Haus bewohnten.[1]

Hoffmann war während seiner Schulzeit aufgrund seines starken Übergewichts, seiner X-Beine und einer Sprechstörung den Hänseleien durch Mitschüler ausgesetzt und wurde zum Außenseiter.

Nach Beendigung der Grundschule besuchte Hoffmann die Hauptschule. Seine schulischen Leistungen waren unterdurchschnittlich, weswegen er sowohl in der Grundschule als auch in der Hauptschule jeweils eine Klasse wiederholen musste. Im Alter von 16 Jahren brach Hoffmann die Hauptschule nach Vollendung der achten Klasse ab.

Erwachsenenalter

Hoffmann war nach Abbruch seiner Schullaufbahn drei Jahre lang arbeitslos, ab 1992 war er elf Monate lang als Wärter beim Attendorner Bauhof beschäftigt.[Seine

Freizeit verbrachte Hoffmann zunehmend mit dem Spielen von Ego-Shootern. Außerdem entwickelte er um diese Zeit eine Vorliebe für Gewalt- und Horrorfilme. Hoffmann entdeckte seine sadistische Neigung und begann, Frösche und Mäuse, die er selbst fing, zu quälen und zu töten.

1993 leistete Hoffmann seinen Wehrdienst bei der Bundeswehr. Nach der Beendigung des Wehrdienstes kehrte Hoffmann nach Nuttmecke zurück, wo er zeitweilig in der lokalen Neonazi-Szene aktiv wurde, jedoch nur ein Mitläufer blieb.[1] Im Alter von 20 Jahren hatte er eine Beziehung mit einer jungen Frau aus einem Nachbarort, die 1994 eine von ihm stammende Tochter zur Welt brachte.

Versuchte Vergewaltigungen und Anklagen

Im Februar des Jahres 1994 trat Hoffmann das erste Mal als Sexualstraftäter in Erscheinung, als er eine 17-jährige Anhalterin in einem abgelegenen Waldstück vergewaltigen wollte. Weil Hoffmann geständig war und außerdem bis dahin keinerlei Vorstrafen hatte, wurde ihm im Zuge des folgenden Gerichtsprozesses eine „positive Sozialprognose" bescheinigt, so dass die zweijährige Haftstrafe zur Bewährung ausgesetzt wurde. Seine Freundin trennte sich aber infolge des Prozesses von ihm.[

1995 zog Hoffmann zusammen mit seinen Eltern und Großeltern von Nuttmecke nach Bremerhaven. Seine Tochter nahm er mit. Kurze Zeit nach dem Umzug starb der Vater an der Creutzfeldt-Jakob-Krankheit. Nach dem Tod des Vaters begann Hoffmann eine Ausbildung zum Gas- und Wasserinstallateur. Er konnte jedoch die Abschlussprüfung zweimal nicht bestehen und brach die Ausbildung daraufhin ab.[1][3] Danach arbeitete

Hoffmann fünf Jahre für das Deutsche Rote Kreuz als Sanitäter bei Großveranstaltungen. Während dieser Zeit lernte er seine spätere Ehefrau kennen, welche er bald darauf heiratete.

Ab dem Jahr 2000 arbeitete Hoffmann für eine Sicherheitsfirma in Bremerhaven, für welche er in Bussen Fahrkarten kontrollierte. Während dieser Zeit wurde Hoffmann erneut der Vergewaltigung einer 17-Jährigen beschuldigt, welche er während seiner beruflichen Tätigkeit in einem Bus kennengelernt haben soll. Dieses Verfahren wurde aber mangels Beweisen eingestellt.

2002 brachte seine Ehefrau eine gemeinsame Tochter zur Welt. Die Ehe geriet in eine Krise, da ihn seine Ehefrau der Untreue verdächtigte. Hoffmann hatte seit jeher eine große Leidenschaft dafür, ziellos mit dem Auto über längere Strecken umherzufahren, mutmaßlich um emotionale Spannungen abzubauen. Deshalb beklagte sich seine Ehefrau auch vermehrt über die monatlich sehr hohen Benzinausgaben. Außerdem verdächtigte sie ihren Mann, regelmäßig den „Baby-Straßenstrich" Bremerhavens aufzusuchen.

Im Juni 2003 verlor Hoffmann seine Anstellung bei der Bremerhavener Sicherheitsfirma und war von da an arbeitslos, was sein zielloses Umherfahren noch verstärkte. Seine Ehefrau trennte sich im Frühjahr 2004 von ihm und zog mit der gemeinsamen Tochter aus der Wohnung aus, während Hoffmann zusammen mit seiner älteren Tochter dort zurückblieb.

Morde

Am 6. Mai 2004 traf Hoffmann im Cuxhavener Stadtteil Altenwalde zufällig auf die vor ihrem Elternhaus wartende achtjährige Levke S., als er ziellos mit seinem

Auto umherfuhr. Er lockte das Mädchen mit falschen Behauptungen in sein Auto und verschleppte es in ein Waldstück, wo er sich an dem Kind sexuell verging und es anschließend mit einem Kabelbinder erdrosselte. Nach der Ermordung des Mädchens bettete Hoffmann den Leichnam mehrmals um, bevor er in unmittelbarer Nähe zu seinem Heimatort Attendorn ein sicheres Versteck für die sterblichen Überreste gefunden zu haben glaubte. Die inzwischen skelettierte Leiche von Levke wurde Ende August 2004 von einer Pilzsammlerin entdeckt. Unbeeindruckt von der nun einsetzenden Großfahndung nach Levkes Mörder suchte Hoffmann offenbar weiterhin nach neuen Opfern. Am 30. Oktober 2004 traf er während einer seiner ziellosen Rundfahrten auf den achtjährigen Felix W. aus Neu Ebersdorf im Landkreis Rotenburg, der mit seinem Fahrrad unterwegs war. Analog zu Levke lockte Hoffmann den Jungen in sein Auto und fuhr in einen Wald. Nachdem er das Einsetzen der Dunkelheit abgewartet hatte, verging sich Hoffmann an dem Kind. Daraufhin erwürgte er den Jungen mit bloßen Händen und warf die Leiche in den Fluss Geeste bei Bremerhaven. Die Leiche wurde erst am 7. Januar nach einem entsprechenden Hinweis des inzwischen verhafteten und geständigen Marc Hoffmann von Polizeitauchern „als Paket verschnürt" in dem Fluss gefunden.

Festnahme, Prozess und Verurteilung

Marc Hoffmann wurde am Abend des 8. Dezember 2004 im Zusammenhang mit den Morden an Levke und Felix verhaftet. Noch am gleichen Tag gestand er den Mord an Levke. Am 7. Januar 2005 bekannte er sich

zudem über seine Anwälte zur Ermordung von Felix.j.
Am 9. Mai 2005 wurde der Prozess gegen Hoffmann vor dem Landgericht Stade eröffnet
Die Familie von Levke trat im Prozess als Nebenkläger auf. Hoffmann schwieg während des gesamten Prozesses. Sämtliche Äußerungen seinerseits wurden durch seine Anwälte verlesen.

Am 29. Juni 2005 verurteilte das Landgericht Stade Marc Hoffmann für die Ermordung und den sexuellen Missbrauch der beiden Kinder zu einer lebenslangen Freiheitsstrafe. Weil darüber hinaus eine besondere Schwere der Schuld festgestellt wurde, wurde für Hoffmann außerdem eine anschließende Sicherungsverwahrung angeordnet. Somit ist es möglich, dass Marc Hoffmann das Gefängnis nie wieder verlassen wird.

Der Vorsitzende der Schwurgerichtskammer, Berend Appelkamp, begründete das Urteil damit, dass Hoffmann „anderen unvorstellbares Leid zugefügt" habe. Hoffmann nahm das Urteil ohne erkennbare Regung auf.

Marc Hoffmann verbüßt seine lebenslange Freiheitsstrafe derzeit in der Justizvollzugsanstalt Oldenburg.

Persönlichkeit

Aufgrund des von Zeitzeugen als sehr resolut beschriebenen Charakters seiner Mutter, welche ihn „wie ein rohes Ei" behandelt haben soll, wird Hoffmann heute rückblickend vermehrt als Muttersöhnchen betrachtet. Zeitzeugen beschreiben ihn zudem meist als einen wenig intelligenten „Grobian" mit geringem Einfühlungsvermögen.

Hinsichtlich erster sexueller Erfahrungen wird Hoffmann als „Spätzünder" angesehen, zumal er in seinen Jugendjahren im Gegensatz zu Gleichaltrigen kaum Bindungen zum anderen Geschlecht herstellen konnte. Die Tatsache, dass Hoffmann mit nur einem Hoden geboren wurde, war sicher ein wesentlicher Grund für seine Hemmungen. In diesem Zusammenhang konsumierte er als Heranwachsender zunehmend Pornographie.

Im Zuge von nach seiner Verhaftung angefertigten Gutachten wurde Marc Hoffmann als „nicht psychisch krank" und demnach als „voll schuldfähig" eingestuft. Laut dieser Gutachten ist Hoffmann außerdem weder sadistisch veranlagt, noch pädophil. Diesbezüglich kamen die Gutachter zu der Erkenntnis, dass sich Hoffmann vor allem deshalb an Kindern vergangen habe, weil diese für ihn vergleichsweise einfache Opfer darstellten. Außerdem wurde Hoffmann im Verlauf des Prozesses ein „massiver Mangel an Emotionalität und Mitgefühl" attestiert.

Mögliche weitere Verbrechen Hoffmanns

Im Hinblick auf eventuelle weitere durch Marc Hoffmann verübte Verbrechen wurde und wird bis heute insbesondere die nach wie vor ungeklärte Ermordung der 10-jährigen Adelina in Bremen vom Juni 2001 in Betracht gezogen. Diesbezüglich wurde der mittlerweile zu lebenslanger Haft verurteilte Marc Hoffmann im September 2005 von Beamten zur Fundstelle der Leiche des Mädchens geführt. Durch diese Maßnahme sollte Hoffmann dazu bewegt werden auch den Mord an Adelina zu gestehen. Hoffmann gestand diesen Mord jedoch bis heute nicht. Jedoch *soll er die Tat gegenüber einem Zellengenossen gestanden haben.*

Des Weiteren soll Hoffmann gegenüber einem Mitgefangenen sechs weitere sexuell motivierte Morde gestanden haben. Dabei soll es sich nach Medienberichten um zwei Kinder in Ostdeutschland, zwei Anhalterinnen und zwei ältere Frauen handeln. Hoffmann gab später an, dass er dem Mithäftling dies zwar erzählt habe, jedoch alles frei erfunden gewesen sein soll.

Auch der bis heute ungeklärte Mord an der achtjährigen Johanna aus Ranstadt-Bobenhausen in Hessen, welche am 2. September 1999 verschwand, wird bisweilen mit Marc Hoffmann in Verbindung gebracht. Die Leiche des Mädchens wurde sieben Monate später gefunden.

Während seiner Untersuchungshaft soll Marc Hoffmann gegenüber Beamten die Ermordung einer alten Frau in seinem Heimatdorf angedeutet haben. Weil 1994 in Attendorn tatsächlich eine 86-jährige Frau spurlos verschwand, wird Hoffmann bis heute auch mit diesem bisher ungeklärten Kriminalfall in Verbindung gebracht.

Marc Hoffmann wurde außerdem vermehrt mit den sogenannten Schullandheim-Morden in Verbindung gebracht, welche lange Zeit ungeklärt blieben. Diese konnten aber 2011 einem anderen Täter zugeordnet werden.

Im Gefängnis in Oldenburg gestand Marc Hoffmann gegenüber einem Gutachter zudem die Vergewaltigung von zwei Frauen.

Gary Ridgway

Am 18. Februar 1949 wurde Gary Leon Ridgway in Salt Lake City geboren. Er war der mittlere von drei Söhnen. Während seiner Kindheit hatte er eine enge Bindung zu seiner dominanten Mutter, während er sich mit seinem Vater, einem Busfahrer, nicht gut verstand. Zwischen den Eltern Ridgways kam es häufig zum Streit, der seitens der Mutter manchmal auch in Gewalttaten ausartete. Ridgway war ein folgsames Kind, das bis in seine frühen Teenagerjahre Bettnässer war. Nach Fällen nächtlicher Inkontinenz wusch ihm die Mutter die Genitalien. Diese fast inzestuöse Beziehung führte einerseits dazu, dass Gary Ridgway sich von seiner Mutter sexuell angezogen fühlte, andererseits verspürte er Wut und spielte mit Fantasien sie umzubringen. Dazu veranlasste auch der Umstand, dass sich seine Mutter in der Öffentlichkeit sehr frei und ungeniert zeigte. Sein Vater nahm ihn hin und wieder auf seinen Bustouren mit. Wenn sie durch den „Strip" (Prostituiertenviertel) fuhren, äußerte der Vater regelmäßig seine Abneigung gegen den „Abschaum". Gleichwohl verkehrte sein Vater mit ihnen.

Umfeld

Als Ridgway elf Jahre alt war, zog die Familie nach SeaTac, einem wachsenden Außenbezirk von Seattle (Washington) nahe dem Flughafen. Niedrige Immobilienpreise und viele – unterbezahlte – Arbeitsstellen lockten damals die Menschen in diese Gegend. Die Familie wohnte in den McMicken Heights, einem Viertel, das vor allem durch den Pacific Highway South bestimmt wurde, der damals die Hauptverkehrslinie zwischen Seattle und Tacoma war.

Diese Straße, gesäumt von Spielsalons, billigen Motels und Bordellen, war von jeher ein Anziehungspunkt für Prostituierte, Drogenhändler, Kleinkriminelle und Ausreißer. Ridgways Vater fuhr die Strecke als Busfahrer ab. Zuhause soll er sich abschätzig über seine Passagiere geäußert haben, vor allem die Prostituierten seien ihm, dem im religiös-konservativ geprägten Mormonenstaat Utah Geborenen, verhasst gewesen.

Jugendzeit

Im Alter von 16 Jahren machte Ridgway erste Gewalterfahrungen. Er stach einem Sechsjährigen mit einem Messer in die Seite, als dieser sich bückte, um etwas aufzuheben. Der Junge gab zu Protokoll, Ridgway habe zu ihm gesagt, er hätte schon immer mal wissen wollen, wie es sich anfühle, jemanden zu töten. Ridgway gab später hingegen an, er sei am falschen Ort zur falschen Zeit gewesen. Nach dem Messerstich soll Ridgway lachend davongelaufen sein, während sich der Junge sterbend glaubte. Aus nicht nachvollziehbaren Gründen wurde Ridgway für diese Tat nie bestraft.

Während seiner Zeit an der Tyee High School fiel Ridgway nie besonders auf. Er wurde allseits als durchschnittlicher Teenager beschrieben, er war Raucher, spielte dank seiner athletischen Begabung im Football-Team und war gut eingebunden in die sozialen Strukturen unter den Jugendlichen. Die Nachbarn beschrieben ihn als äußerst freundlichen Jugendlichen, der zwar wenig eloquent, aber immer „schnell zu einem Lächeln bereit war". Er hatte auch erste kleinere Beziehungen mit Mädchen und veranstaltete Partys in einem lokalen Jugendclub.

Seine schulischen Leistungen waren so schlecht, dass er oft Klassen wiederholen musste.

Am 2. April 1969 wurde Ridgway für Temporärarbeiten bei der Lackiererei der Kenworth-Lastwagenfabrik angestellt. Nachdem er im Juni die Highschool abgeschlossen hatte, entschloss er sich, Militärdienst zu leisten und heuerte so am 18. August bei der U.S. Navy an. Von seiner Dienstzeit im Militär vermeldet die Krankenakte, dass er an Gonorrhoe erkrankt sei. Dies legt den Schluss nahe, dass er während seiner Dienstzeit Kontakt zu Prostituierten gehabt hatte.

Erste Ehe

Während eines Diensturlaubs heiratete Ridgway am 15. August 1970 seine erste Frau Claudia Kraig Barrows, die er ein Jahr zuvor kennengelernt hatte. Er war 21 und sie 20 Jahre alt. Das frischvermählte Ehepaar zog sogleich nach San Diego, wo Ridgway stationiert war. Dort blieb seine Frau für längere Zeit allein, denn Ridgway war mit der Navy für sechs Monate im Südpazifik unterwegs. Beide gingen Affären ein. Ridgway fand heraus, dass seine Frau ihn betrogen hatte und sah sie fortan als „Nutte“ an. Die in die Ehe hineinwirkende Dominanz der Mutter ließ die Ehe zerbrechen.

Zweite Ehe

Seine zweite Frau, Marcia Winslow, lernte Ridgway 1972 kennen. Ende 1973 heirateten sie. Später gab Marcia Winslow zu Protokoll, Ridgway habe sie als Sexobjekt und Haushälterin angesehen. Sex sei oft am nahegelegenen Green River im hohen Gras am Ufer des Flusses ausgeübt worden. 1975 gebar Marcia einen Sohn. Damit begann für Ridgway ein äußerst religiös geprägter Lebensabschnitt. Er las die Bibel und schrieb sich zunächst in einer Baptistenkirche und später in der Pfingstgemeinde ein. Die Gewaltfantasien Ridgways kamen indessen immer deutlicher zum Vorschein: Eines Nachts, als sie von einer Party zurückkehrten, würgte er seine Frau fast bis zur Bewusstlosigkeit, ohne dass ein Streit vorangegangen wäre. Würgen wurde in die Sexspiele integriert. Seine Frau reichte die Scheidung ein. 1981 wurde die Ehe geschieden; Ridgway wurde ein Besuchsrecht für seinen Sohn zugesprochen und zu Unterhaltszahlungen verpflichtet. Später sollte er den Behörden sagen: „Wenn ich meine zweite Frau umgebracht hätte, hätte ich niemals je eine weitere Frau getötet."

Nach seiner Scheidung lebte er ein entfesseltes sexuelles Leben.

Die Morde

Vorgehensweise

Mehr als ein Jahr nach seiner Scheidung begann Ridgway eine der größten Mordserien in der Geschichte der Vereinigten Staaten. Er fuhr mit seinem Wagen durch die Straßenstriche rund um Seattle, immer auf der Suche nach Prostituierten und Ausreißerinnen, die er in seinen Pickup lud und entweder zu sich nach Hause oder zu einem seiner Lieblingsplätze im Wald rund um den Green River fuhr. Dort hatte er Geschlechtsverkehr mit den Frauen. Danach folgten seine Morde immer dem gleichen Muster: Er wartete, bis sich eine günstige Gelegenheit ergab, der Prostituierten von hinten überraschend den Arm um den Hals zu legen. Dann würgte er sie, bis sie erstickte. Danach verging er sich meist an der Leiche. Morde im eigenen Heim wurden im Schlafzimmer verübt. Nach der Tat verwischte er die Spuren. Die

Bettlaken steckte er sofort in die Waschmaschine. Die Leichen fuhr er in die Wälder rund um den Green River oder an andere abgelegene Plätze, auch an den, an dem er mit seiner zweiten Frau oft verkehrt hatte. Die Leichen deponierte er auch in Gruppen. Er kehrte nachts oft zurück, um erneut Geschlechtsverkehr mit seinen toten Opfern zu haben, oder verstümmelte ihre Körper.

Den Schmuck seiner Opfer behielt Ridgway. Er machte sich einen Scherz daraus, besonders schöne Schmuckstücke an Orten seiner Arbeitsstelle zu platzieren, wo sie besonders leicht von Frauen gefunden werden konnten. Es habe ihn amüsiert, wenn die Frauen den Schmuck heimlich einsteckten oder gar trugen. Er veranstaltete auch Garagenflohmärkte, wo er Schmuck und Schuhe seiner Opfer verkaufte, zur Verhöhnung der Opfer.

Ridgways Wirkung

Ridgways Wesen wirkte auf die Frauen unbedarft, geradezu harmlos. Er war ein Freier, zu dem sie Vertrauen hatten. Dies wurde insofern verstärkt, als er nach der Scheidung eine verstärkte Beziehung zu seinem Sohn aufbaute und ihn jedes zweite Wochenende bei sich Zuhause hatte. Er hatte in seinem Haus ein Zimmer mit Spielsachen für ihn eingerichtet, das auf im Haus anwesende Prostituierte beruhigend gewirkt haben muss. Er scheute sich auch nicht, mit seinem Sohn im Wagen herumzufahren, um so eine Prostituierte eher dazu zu bewegen, mit ihm in den Wald zu fahren. Dort verschwand er dann mit der Frau im Wald und kam ohne sie zurück. Auf die Frage seines Sohnes, wo denn die Frau geblieben sei, sagte er, sie sei alleine nach Hause gegangen.

Opfer

Ridgway bevorzugte keinen besonderen Frauentyp. Es war ihm nur wichtig, dass sie – manchmal auch nur in seinen Augen – Prostituierte waren, und somit „Abfall“. Sein jüngstes Opfer war 15, sein ältestes 38, er ermordete Schwarze, Weiße jeglicher Haarfarbe, Lateinamerikanerinnnen, Dicke, Dünne, Große und Kleine ohne besondere Präferenz.

Gary Ridgway gab an, so viele Frauen ermordet zu haben, dass er sich unmöglich an alle erinnern könne. Die höchsten Schätzungen belaufen sich auf über 71 vermutete Opfer und 43 bestätigte Leichen

Bestätigte Opfer

#	Name	Alter	Verschwunden	Gefunden
1	Wendy Lee Coffield	16	8. Juli 1982	15. Juli 1982
2	Gisele Ann Lovvorn	17	17. Juli 1982	25. September 1982
3	Debra Lynn Bonner	23	25. Juli 1982	12. August 1982
4	Marcia Fay Chapman	31	1. August 1982	15. August 1982
5	Cynthia Jean Hinds	17	11. August 1982	15. August 1982
6	Opal Charmaine Mills	16	12. August 1982	15. August 1982
7	Terry Rene Milligan	16	29. August 1982	1. April 1984
8	Mary Bridget Meehan	18	15. September 1982	13. November 1983

#	Name	Alter	Verschwunden	Gefunden
9	Debra Lorraine Estes	15	20. September 1982	30. Mai 1988
10	Linda Jane Rule	16	26. September 1982	31. Januar 1983
11	Denise Darcel Bush	23	8. Oktober 1982	12. Juni 1985
12	Shawnda Leea Summers	16	9. Oktober 1982	11. August 1983
13	Shirley Marie Sherrill	18	20-22. Oktober 1982	Juni 1985
14	Rebecca "Becky" Marrero	20	3. Dezember 1982	21. Dezember 2010
15	Colleen Renee Brockman	15	24. Dezember 1982	26. Mai 1984
16	Alma Ann Smith	18	3. März 1983	2. April 1984
17	Delores LaVerne Williams	17	8-14. März 1983	31. März 1984
18	Gail Lynn Mathews	23	10. März 1983	18. September 1983
19	Andrea M. Childers	19	14. April 1983	11. Oktober 1989
20	Sandra Kay Gabbert	17	17. April 1983	1. April 1984
21	Kimi-Kai Pitsor	16	17. April 1983	15. Dezember 1983

#	Name	Alter	Verschwunden	Gefunden
22	Marie M. Malvar	18	30. April 1983	26. Dezember 2003
23	Carol Ann Christensen	21	3. Mai 1983	8. Mai 1983
24	Martina Theresa Authorlee	18	22. Mai 1983	14. November 1984
25	Cheryl Lee Wims	18	23. Mai 1983	22. März 1984
26	Yvonne "Shelly" Antosh	19	31. Mai 1983	15. Oktober 1983
27	Carrie Ann Rois	15	31. Mai – 13. Juni 1983	10. März 1985
28	Constance Elizabeth Naon	19	8. Juni 1983	27. Oktober, 1983
29	Kelly Marie Ware	22	18. Juli 1983	29. Oktober 1983
30	Tina Marie Thompson	21	25. Juli 1983	20. April 1984
31	April Dawn Buttram	16	18. August 1983	30. August 2003
32	Debbie May Abernathy	26	5. September 1983	31. März 1984
33	Tracy Ann Winston	19	12. September 1983	27. März 1986
34	Maureen Sue Feeney	19	28. September 1983	2. Mai 1986
3	Mary Sue Bello	25	11. Oktober 1983	12. Oktober 1984

#	Name	Alter	Verschwunden	Gefunden
5				
36	Pammy Annette Avent	15	26. Oktober 1983	16. August 2003
37	Delise Louise Plager	22	30. Oktober 1983	14. Februar 1984
38	Kimberly L. Nelson	21	1. November 1983	14. Juni 1986
39	Lisa Yates	19	23. Dezember 1983	13. März 1984
40	Mary Exzetta West	16	6. Februar 1984	8. September 1985
41	Cindy Anne Smith	17	21. März 1984	27. Juni 1987
42	Patricia Michelle Barczak	19	17. Oktober 1986	Februar 1993
43	Roberta Joseph Hayes	21	Zuletzt gesehen beim Verlassen des Gefängnisses Nähe Portland, Oregon am 7. Februar 1987	November 1991
44	Marta Reeves	36	5. März 1990	20. September 1990
45	Patricia Yellowrobe	38	Januar 1998	6. August 1998
46	Unidentifizierte weibliche Leiche	12–17	Gestorben vor Mai 1983	21. März 1984
47	Sandra Denise Major	20	24. Dezember 1982	30. Dezember 1985

#	Name	Alter	Verschwunden	Gefunden
48	Unidentifizierte weibliche Leiche	14–18	Dezember 1980 – Januar 1984	2. Januar 1986
49	Unidentifizierte weibliche Leiche	13–24	1973–1993	August 2003

Die Green River Task Force
Erste Leichenfunde

Am 15. Juli 1982 fanden Kinder die Leiche der sechzehnjährigen Ausreißerin Wendy Lee Coffield im Green River treibend.[3] Sie war erwürgt worden. Die Polizei nahm an, dass es sich hierbei um ein Opfer häuslicher Gewalt handelte. Doch vom 12. bis zum 15. August wurden die Leichen von vier weiteren jungen Frauen in oder in der Nähe des Green River gefunden. [3] Von da an vermutete die Polizei, es mit einem Serienmörder zu tun zu haben. Die Untersuchungen wurden geleitet von Dave Reichert vom King County Sheriff Office. Zu diesem Zeitpunkt wusste die Polizei von King County bereits, dass Ridgway ein häufiger Kunde des Straßenstrichs war, da er ein paar Monate zuvor, am 11. Mai, von einer Undercover-Beamtin des Freiertums überführt werden konnte. Anhand seiner Kreditkartenabrechnung konnten sie in Erfahrung bringen, dass er einen enormen Benzinverbrauch hatte. Während dieser Jahre sollte Ridgway öfter seinen Pick-Up gewechselt haben, um nicht aufzufallen.

Erste Verstrickung

Als am 30. April 1983 die 18-jährige Prostituierte Marie Malvar verschwand, identifizierte ihr Freund den Pick-Up Ridgways als denjenigen, in den Malvar *auf dem Pacific South Highway zuletzt eingestiegen sei. Ridgway bestritt aber, Kontakt mit Malvar gehabt zu haben. Es war das erste Mal, dass er bezüglich eines der Mordopfer kontaktiert wurde, wenngleich Malvar zu diesem Zeitpunkt noch nicht als Mordopfer bekannt war.*

Am 20. November 1983 gab die Polizei bekannt, dass 11 Frauen, die man im South King County tot aufgefunden hatte, vom selben Mann ermordet worden seien.

Bildung einer Task Force

Am 16. Januar 1984 berief das Kings County Sheriff's Office die größte Task Force seit dem Fall Ted Bundy ins Leben. Sie bestand aus Personen vom Port of Seattle Police Departement, dem Seattle Police Departement, dem Pierce County Sheriff's Office, der Washington State Patrol, dem FBI und der Generalstaatsanwaltschaft des Bundesstaates Washington. Sie nannten sich die Green River Task Force. Diese Task Force versuchte über die Jahre, Beweise gegen die mehr als 12.000 Verdächtigen zu sammeln, ließ die besonders gefährdeten Orte überwachen, sammelte jedes kleinste Indiz vom Fundort der Leichen und katalogisierte es, jedoch zumeist erfolglos.

Weitere Morde

Am 2. April 1984 wurden fünf weitere skelettierte Überreste von Frauen gefunden. Die Anzahl der Opfer wurde offiziell mit 20 angegeben, die Dunkelziffer auf 30 geschätzt. Am 20. April 1984 wurden nochmals Überreste von zwei Körpern gefunden, darunter die der 36-jährigen Amina Agisheff, die zuletzt im Jahr 1982 in

Seattle gesehen worden war. Sie wurde nur am Rande mit den anderen Morden in Verbindung gebracht.

Im Mai 1984 kontaktierte Ridgway die Green River Task Force, scheinbar, um Informationen anzubieten. Die Ermittler unterzogen ihn einem Lügendetektor-Test, den er problemlos durchlief.

Am 29. November 1984 gab die Prostituierte Rebecca Garda Guay bekannt, sie sei von Ridgway während einer „Verabredung" gewalttätig attackiert worden. Er habe sie gewürgt, doch sie konnte entfliehen. Ridgway bestritt dies nicht, behauptete aber, sie habe ihm während des Oralsex in den Penis gebissen und er habe sich gegen sie wehren müssen.

Im Dezember 1984 gab die Polizei die Zahl der Opfer mit 42 an. Mittlerweile hatte sich sogar Ted Bundy, ebenfalls berüchtigter Frauenmörder, mit einem Brief an die Task Force gewandt, in dem er ein psychologisches Profil des Green River Killers entworfen hatte.

Am 6. Februar 1986 durchsuchte die Polizei ein Haus in der Nähe des Seattle-Tacoma International Airports. Der Besitzer des Hauses war Gegenstand detaillierter Untersuchungen. Im Mai wurde dann bekanntgegeben, dass der Mann nichts mit dem Fall zu tun gehabt hätte. Während des Jahres 1986 geriet die Green River Task Force immer mehr unter Beschuss der Öffentlichkeit, die eine schnelle Verhaftung des Green River Killers forderte. Den Beamten wurde vorgeworfen, wenn die Opfer nicht aus der untersten sozialen Schicht kämen, hätte sich die Polizei engagierter mit dem Fall befasst und den Mörder längst gefasst.

Übersicht über die Leichenfundorte

Das vorläufige Ende

Am 8. April 1987 durchsuchte die Polizei das Haus und die Fahrzeuge von Ridgway, der mit mindestens zwei der 46 Opfer zuletzt gesehen worden war. Das Kriminallabor der State Patrol nahm Haar-, Schamhaar- und Speichelproben von Gary Ridgway. Da aber die DNA-Identifizierungs-Techniken zu diesem Zeitpunkt noch zu wenig ausgereift waren, konnten die Proben nicht ausgewertet werden. Auch sonst fanden sie keine Beweise, um ihn verhaften zu können. Ridgway fühlte sich zu diesem Zeitpunkt unbesiegbar, die Behörden waren demoralisiert.

Im Jahr 1988 heiratete Gary Ridgway zum dritten Mal. [4] Nachbarn beschrieben ihn und Judy Lynch als „unzertrennlich". Im selben Jahr wurde landesweit ein zweistündiges TV-Special über den Green River Killer ausgestrahlt und 100.000 US-Dollar auf Hinweise, die zu seiner Verhaftung führen, ausgesetzt. Während der Fernsehsendung gingen über 4.000 Telefonanrufe ein, allerdings ergebnislos.

Die Green River Task Force war über die Jahre kontinuierlich geschrumpft, bis sie im Juli 1991 nur noch aus einem Mann bestand, Tom Jensen. Der Mörder war nicht gefunden worden, trotz Jahren der Untersuchungen, der Bildung einer Task Force, der Ausgabe von mehr als 15 Millionen US-Dollar, des Einsatzes eines 200.000 Dollar teuren Computers, der Anhäufung von tausenden von Verdächtigen und dem Füllen von mehr als 750 Ringordnern mit Millionen von Fakten. Man nahm an, dass der Mörder mittlerweile wegen eines anderen Falles im Gefängnis saß, gestorben oder aus der Gegend weggezogen war. Weitere Mordfälle an Prostituierten zählte man nicht mehr zu den Morden des Green River Killers.

DNA-Speichelprobe

Am 2. November 1999 wurden die Überreste eines Opfers, das 1986 nahe dem Green River gefunden wurde, mit einem neuartigen DNA-Test schließlich als die neunzehnjährige Tracy Winston identifiziert, die 1983 aus einem Einkaufszentrum in Seattle verschwunden war.

Im März 2001 benutzte das Kriminallabor des Staates Washington die neuen DNA-Tests, um über Beweisstücke Hinweise zum Täter zu finden. Am 30. November 2001 wurde bekannt, dass auf vier der frühen Opfer DNA-Spuren gefunden wurden, die mit derjenigen von Ridgways Speichelprobe übereinstimmten. Ridgway wurde verhaftet. Zum Zeitpunkt seiner Verhaftung war er 52 Jahre alt und wohnte in Auburn.

Der Prozess

Unschuldsbeteuerungen

Am 15. Dezember 2001 stellte der Sheriff von King County, Dave Reichert, elf Untersuchungsbeamte dazu ab, Beweise gegen Ridgway zu sammeln.

Am 18. Dezember 2001 plädierte Ridgway – ermutigt durch frühere ergebnislose Untersuchungen gegen ihn – auf „nicht schuldig" in Sachen Mord an Marcia Chapman, 31, Cynthia Hinds, 17, und Opal Mills, 16, deren Körper am 15. August 1982 in der Nähe des Green River gefunden wurden, sowie Carol Christensen, deren Überreste im Maple Valley am 8. Mai 1983 gefunden wurden.

Am 27. März 2003 wurde Ridgway dreier weiterer Morde beschuldigt: Wendy Lee Coffield, 16, Debra Bonner, 23 und Debra Estes, 15. Polizei und Staatsanwaltschaft gaben bekannt, dass mikroskopische Farbpartikel auf den Kleidern der Frauen mit dem Lastwagenlackierer Ridgway in Verbindung gebracht werden konnten. Am 3. April stritt Ridgway vor Gericht die Taten ab. Seine Frau Judy Lynch stand ihm bei, ebenso seine Familie und viele seiner Nachbarn, die nicht glauben konnten, dass er der Green River Killer sei.

Kooperation

Am 26. Juli 2003 wurde Ridgway vom King-County-Gefängnis in Seattle an einen unbekannten Ort überführt. Ridgway kooperierte mit den Behörden, um der Todesstrafe zu entgehen. Von nun an war er mit der Green River Task Force unterwegs, führte die Untersuchungsbeamten zu weiteren Tatorten und Leichen: am 19. August 2003 wurden die Überreste der sechzehnjährigen Pammy Avents östlich von Enumclaw gefunden. Identifiziert wurde sie durch Informationen, die Ridgway im Austausch für sein Leben gab. Am 24. August 2003 wurden sieben Knochen gefunden, die der Gerichtsmediziner vom King County Medical Examiner Office als menschlichen Ursprungs einstufte. Am 27. September 2003 wurden die Knochen der 17-jährigen April Buttram identifiziert, die im August 1983 verschwunden war.

Am 2. Oktober 2003 fand die Green River Task Force in einer Schlucht außerhalb von Auburn die Überreste von Marie Malvar, die Frau, mit deren Verschwinden Ridgway schon 1983 in Verbindung gebracht worden war.

Im Oktober 2003 gab Ridgway auch die Details von zwei weiteren Morden bekannt, die bisher nicht mit ihm in Verbindung gebracht worden waren: Patricia Yellow Robe, 38, die am 6. August 1998 tot aufgefunden wurde; und Marta Reeves, 36, die im Jahre 1990 getötet wurde.

Noch am 18. Februar 2011 wartete er mit Informationen über die Ermordung von Rebecca „Becky" Morrero auf, die er vor nunmehr 28 Jahren ermordet hatte. Kurz vor Weihnachten 2010 fanden spielende Kinder menschliche Überreste, wobei es sich um die von Morrero handelte.[5]

Der Prozess

Am 5. November 2003 bekannte sich Ridgway vor dem King-County-Obergericht schuldig des 48-fachen Mordes an 42 der ursprünglich aufgelisteten Opfer und sechs weiteren Frauen (Linda Rule, Roberta Hayes, Marta Reeves, Patricia Barczak, Yellow Robe und einer Unbekannten). Als er den Angehörigen der Opfer vor Gericht begegnen musste, zeigte er keinerlei Reue bzw. Mitgefühl, dennoch brach er das erste Mal im Verlauf des Prozesses in Tränen aus, als ihm der Vater eines Opfers für seine Tat verzeihen konnte. Er wurde zu einer lebenslangen Haftstrafe ohne Möglichkeit auf Begnadigung verurteilt und verbüßt diese heute in der Justizvollzugsanstalt des Staates Washington in Walla Walla.

Dennis Lynn Rader

Dennis Rader lebte bis zu seiner Inhaftierung in Park City, einem Vorort von Wichita, etwa 11 km nördlich der Stadt.

Rader wuchs zusammen mit drei Brüdern in Wichita auf und schloss die Wichita Heights High School ab. Er besuchte 1964 die Wichita State University und arbeitete von 1965–1969 als Mechaniker in der U.S. Air Force. Während dieser Zeit wurde er in Südkorea, der Türkei, Griechenland und Japan eingesetzt. Nach seiner Rückkehr besuchte er das Butler County Community College in El Dorado sowie die Kansas Wesleyan University in Salina, bevor er im Herbst 1973 an die Wichita State University zurückkehrte, wo er 1979 seinen Abschluss in der Justizverwaltung machte. Während seiner College-Zeit arbeitete er in der Fleischabteilung eines Supermarktes in Park City.

Von 1970 bis 1973 arbeitete er als Monteur bei der Coleman Company, einer Firma für Camping-Ausrüstungen, in derselben Firma, in der auch zwei der ersten Opfer des BTK-Killers arbeiteten. Vom November 1974 bis Juli 1988 arbeitete er in einer Firma für Haussicherheit, eine Anstellung, die ihm Zugang zu einigen Häusern seiner Kunden ermöglichte. Durch die allgemeine Angst vor dem Serientäter verzeichnete die Firma eine gute Auftragslage. 1976 zog er nach Park City.

1990 half er bei der staatlichen Volkszählung in Wichita. Ab 1990 arbeitete er für die Stadt Park City. Viele Nachbarn erlebten ihn in dieser Funktion als streng, schikanierend und unnachgiebig.

Er war außerdem seit 30 Jahren Mitglied der Evangelical Lutheran Church in America und war gewählter Präsident der Gemeinde.

Der Fall BTK

Die Polizei von Kansas geht davon aus, dass der sich selbst BTK-Killer nennende Serienmörder zwischen 1974 und 1977 mindestens sieben Personen umbrachte sowie drei weitere Morde zwischen 1985 und 1991 beging. Die Abkürzung BTK steht für Bind, Torture, Kill (fesseln, foltern, töten) das war die Art, in der der BTK-Mörder seine Opfer behandelte. Die meisten Opfer waren Frauen. Auffällig war, dass verschiedenen Medien-vertretern im oben genannten Zeitraum schriftliche Botschaften zugespielt wurden. Nach einer längeren Pause begann dies wieder im März 2004, wodurch die Polizei dem mutmaßlichen Täter auf die Spur kam.

Opfer

Unter den Opfern des BTK-Killers befinden sich vier Mitglieder einer Familie (Joseph Otero, seine Frau Julie Otero und zwei ihrer Kinder); Kathryn Bright, Shirley Vian, Nancy Fox und Vicky Wegerle. Zwei weitere Mordopfer, Marine Hedge und Delores Davis, wurden erst später mit dem Serienmörder in Verbindung gebracht. Insgesamt hat er im Zeitraum von 1974 bis 1991 mindestens acht Menschen umgebracht.[1]

Spermaspuren, die nahe bei oder auf seinen Opfern gefunden wurden, dienten als Beweis für die Täterschaft Raders.

Briefe

Der BTK-Killer trat nach längerer Pause im März 2004 wieder in die Öffentlichkeit, als der Wichita Eagle einen Brief von einem Bill Thomas Killman erhielt. In dem Brief gab der Schreiber an, dass er am 16. September 1986 Vicki Wegerle ermordet habe. Mit dem Schreiben schickte er ein Foto des Tatortes sowie den Führerschein des Opfers. Im Dezember 2004 fand die Polizei eine weitere Nachricht; im Wichita Murdock Park wurde ein Päckchen gefunden, das unter anderem den Führerschein von Nancy Fox enthielt.

Es wird davon ausgegangen, dass sich der Mörder entschloss, 2004 wieder aufzutreten, da sich der Beginn seiner Mordserie zum dreißigsten Male jährte. Einige Experten mutmaßten irrtümlich, dass der Mörder während seiner Abwesenheit aufgrund anderer Straftaten im Gefängnis saß.

In seinen Briefen behauptete der Mörder, 1939 geboren worden zu sein, er gab an, in der Nähe von Eisenbahnlinien aufgewachsen zu sein. Sein Vater starb angeblich während des Zweiten Weltkrieges und er sei daraufhin von seiner Mutter großgezogen worden.

Verhaftung

Das letzte Paket des BTK-Killers, das am 16. Februar 2005 bei dem Fernsehsender KSAS-TV in Wichita einging, war offenbar der letzte Hinweis, den die Polizei benötigte. In dem Paket befand sich eine Computer-Diskette, die nach FBI-Analysen zu Rader zurückverfolgt werden konnte. Die Analyse war sehr simpel: die Metadaten des Textdokumentes auf der Diskette ergaben, dass ein gewisser „Dennis" als letzter die Datei bearbeitet hatte und dass die Software auf die Evangelical Lutheran Church in America registriert war. Als die Ermittler auf die Internetseite der Kirche gingen, fanden sie heraus, dass ein gewisser Dennis Rader der Präsident der örtlichen Kirche war.

Ebenfalls in dem Paket befand sich die Fotokopie eines Buches über Serienmörder sowie eine goldfarbene Kette mit einem Medaillon.

Bevor die Polizei Dennis Rader verhaftete, hatte sie eine vorhandene DNA-Probe des Mörders mit medizinischen Unterlagen einer Tochter von Dennis Rader verglichen. Dies ergab, dass deren Vater der BTK-Killer sein musste.

Am Nachmittag des 25. Februar 2005 wurde Dennis Rader in Park City, Kansas, als Hauptverdächtiger im Fall BTK festgenommen. Bei einer Pressekonferenz der Polizei am 26. Februar wurde bestätigt, dass es sich bei Rader um den BTK-Killer handelt. Am 1. März 2005 wurde Rader in zehn Fällen des Mordes angeklagt. Rader bekannte sich bei Verhandlungsbeginn am 27. Juni 2005 für schuldig und lieferte als Geständnis eine nüchterne Beschreibung der begangenen Morde ab. Am 18. August 2005 wurde Dennis Rader zu einer zehnfachen lebenslangen Haftstrafe verurteilt. Er sitzt in der El Dorado Correctional Facility in Kansas ein.

Verbindungen zu den Opfern

Rader lebte in derselben Straße wie das Opfer Marine Hedge, nur fünf Häuser entfernt. Die Coleman Company befindet sich nur einige Blöcke von einer Telefonzelle entfernt, von der aus der BTK-Mörder von einem Mord berichtete; in der Firma arbeiteten außerdem auch zwei der Opfer. Rader und Joseph Otero, eines der ersten Opfer, arbeiteten beide als Mechaniker bei der Air Force.

Subliminale Botschaft

In den 1970er Jahren versuchte man den BTK-Killer mittels einer unterschwelligen (subliminalen) Botschaft dazu zu bringen, sich selbst zu stellen. Dazu wurde eine entsprechende Botschaft in einem Bericht über ihn versteckt.[2]

Mediale Verwertung

Die Geschichte des BTK-Killers wurde 2005 in Jagd auf den BTK-Killer mit Gregg Henry und 2008 in B.T.K. mit Kane Hodder verfilmt. Außerdem hat das belgische Aggrotech-Projekt Suicide Commando ein Album mit dem Namen Bind, Torture, Kill herausgebracht, welches die Geschichte Raders mehr oder weniger genau behandelt. Darüber hinaus befindet sich auf dem Album Suffocation der amerikanischen Death-Metal-Band Suffocation ein Song mit dem Namen Bind, Torture, Kill. Die amerikanische Thrash-Metal-Band Exodus veröffentlichte im Jahre 2014 das Lied BTK auf ihrem Album Blood In, Blood Out.

Stephen King wurde durch den Fall zu der Geschichte Eine gute Ehe inspiriert, die in der Novellensammlung Zwischen Nacht und Dunkel erschien.

In der Kriminalserie Criminal Minds wird der Fall des BTK-Mörders mehrfach erwähnt, aber nie direkt behandelt.

Zodiac-Killer

Zodiac-Killer ist das Pseudonym eines Serienmörders in den USA, der im Raum San Francisco zwischen Dezember 1968 und Oktober 1969 fünf Menschen ermordete, zwei Weitere überlebten verletzt. Seine Identität konnte bis heute nicht ermittelt werden.

Über mehrere Jahre sandte der Täter bizarre Briefe an Lokalzeitungen, einige davon mit Symbolen und mittelalterlichen Zeichen verschlüsselt. Diese verschlüsselten Texte sind teilweise noch immer nicht entschlüsselt worden. Den Namen Zodiac gab er sich selbst und spielte damit auf das Zodiak-Symbol an.

Seine Opfer waren meist junge Paare, denen er an einsamen Plätzen in der San Francisco Bay Area auflauerte. In seinen Schreiben brüstete er sich seiner Taten und kündigte weitere an. Während die Ermittlungsbehörden offiziell von sieben Opfern sprechen, behauptete der Zodiac-Killer in einem seiner Briefe, 37 Morde begangen zu haben.

Am 20. Dezember 1968 wurden die 16-jährige Betty Lou Jensen und ihr 17-jähriger Freund David Faraday zu Zodiacs ersten Opfern. Nördlich von San Francisco, in Vallejo, schoss der Mörder Faraday in den Kopf. Jensen versuchte noch wegzulaufen, ehe sie mit fünf Kugeln in den Rücken getötet wurde.

Am 4. Juli 1969 gab es zwei weitere Opfer. Die 22-jährige Kellnerin Darlene Ferrin erlag ihren Schusswunden, ihr 19-jähriger Begleiter Michael Mageau überlebte schwer verletzt.

Schon am 27. September 1969 wurden die nächsten Opfer in einem Park am Lake Berryessa aufgefunden. Ein schwarz kostümierter Mann stach mit einem Messer auf die am Boden liegende 22-jährige Cecelia

Shepard zehnmal ein und verletzte ihren 20-jährigen Freund Bryan Hartnell mit sechs Messerstichen schwer. Cecelia kam nicht mehr zu Bewusstsein und starb an den Folgen des Angriffs. Hartnell überlebte und konnte zudem eine Beschreibung des Täters geben: Dieser hatte einen schwarzen Mantel mit großer Henkerskapuze und einem Zodiac-Symbol auf der Brust getragen. Auf die Tür von Hartnells Wagen schrieb Zodiac das Datum der ersten beiden Taten sowie Zeit und Methode des vorangegangenen Mordes.

Noch im selben Jahr, am 11. Oktober 1969, wurde der Taxifahrer Paul Stine von Zodiac erschossen. Kurz nach der Tat schickte Zodiac einen blutigen Streifen von Stines T-Shirt an den San Francisco Chronicle.

Lokalzeitungen und TV-Sender erhielten immer wieder Briefe des geltungssüchtigen Mörders, in denen er Details über die Morde mitteilte. Zudem forderte er die Veröffentlichung von zwei verschlüsselten Botschaften. Die erste wurde nach wenigen Tagen vom Ehepaar Donald und Bettye Harden entschlüsselt. Die zweite ist bis heute ungelöst. Zodiac schrieb danach weitere Briefe. Der letzte authentifizierte Brief stammt aus dem Jahre 1974.

Als Hauptverdächtiger galt Arthur Leigh Allen, der 1971 von der Polizei verhört wurde. Zwar gab es einige Indizien, die für einen Zusammenhang mit den Morden sprachen, allerdings gab es auch nach drei Durchsuchungsbeschlüssen (1972, 1991 und 1992, kurz nach Allens Tod) keinen Beweis. Allens DNS stimmte bei einem im Jahr 2002 durchgeführten DNS-Vergleich mit dem Speichel unter einer Briefmarke eines von „Zodiac" versendeten Briefs nicht überein. Allen starb 1992 im Alter von 58 Jahren.[1]

Nachahmungstäter

1990 begann ein Nachahmungstäter mit ähnlicher Vorgehensweise wie Zodiac in New York City eine Mordserie. Der Serienmörder wurde als Heriberto Seda identifiziert und zu lebenslanger Haft verurteilt.

Am 21. Juni 2008 wurde Megan Lynn Touma, Angehörige der US-Armee, in ihrem Motelzimmer in der Stadt Fayetteville (North Carolina) tot aufgefunden. Am Badezimmerspiegel war mit Lippenstift das Tierkreissymbol gezeichnet worden. Die Lokalzeitung Fayetteville Observer bekam in der letzten Juniwoche ein Schreiben zugesandt, in dem der mutmaßliche Täter den Mord an Megan Lynn Touma gesteht. Er erklärte auch, dass er schon Morde in anderen Staaten begangen habe, und kündigte weitere an. Beim Mord an Touma habe er zum ersten Mal die Unterschrift seines Vorbildes, das Tierkreissymbol, benutzt. Als Täter geständig ist Edgar Patino Lopez.

Alexander Nikolajewitsch Spessiwzew

*Alexander Nikolajewitsch Spessiwzew auch Sascha Spessiwzew (russisch: Александр Николаевич Спесивцев * 1. März 1970) ist ein russischer Serienmörder und Kannibale. Von den Medien erhielt er den Spitznamen Sibirischer Tiger.*

Vorgänge

Mithilfe seiner Mutter Ljudmilla lockte er im Zeitraum von 1991 bis 1996 in der sibirischen Stadt Nowokusnezk mindestens 19 Frauen und Mädchen in die gemeinsame Wohnung, hielt sie dort tagelang gefangen, vergewaltigte, folterte und ermordete sie schließlich auf brutale Weise. Die Leichen seiner Opfer wurden anschließend von seiner Mutter zerstückelt, gekocht, teils an einen zum Haushalt gehörenden Dobermann verfüttert, teils anderen gefangenen Opfern serviert und teils selbst verzehrt.

Im Sommer 1996 wurden im Fluss Aba innerhalb von Nowokusnezk Leichenteile entdeckt. Die Polizei stellte stark verweste, zumeist bereits skelettierte Überreste von mindestens 16 jungen weiblichen Personen sicher, wobei die ältesten gerade einmal 16 Jahre alt waren. Nur der Kopf eines der Opfer konnte gefunden werden. Der Fund löste in der Bevölkerung großes Entsetzen aus. In der Zeit des Umbruchs nach dem Ende der Sowjetunion zerbrachen viele Familien und die Zahl der Straßenkinder stieg stark an. Dazu etablierten sich mafiöse Strukturen, die eine Atmosphäre der Angst schufen, so dass sich auch die korrupten Behörden aus Sowjetzeiten bei Ermittlungen aus Furcht stark zurückhielten, um deren Aktivitäten nicht zu behindern. Die überforderten Behörden nahmen Vermisstenanzeigen deswegen nicht allzu ernst und verkannten so die Dimension der zahlreichen Vermisstenfälle. Erst der Leichenfund sorgte für eine Intensivierung der Ermittlungen.

Aufgrund eines Rohrbruchs öffneten Handwerker im November 1996 die gemeinsame Wohnung von Sascha und Ljudmilla Spessiwzew. Man fand im Badezimmer die teilweise zerstückelten Leichen von zwei Mädchen und alarmierte die Polizei. Bei der anschließenden Durchsuchung fand die Polizei ein weiteres, noch lebendes Mädchen, das kurz nach einer belastenden Aussage im Krankenhaus verstarb. Im Vorratsraum wurde eingekochtes menschliches Fleisch gefunden, im Zimmer von Sascha Zeichnungen von 19 weiblichen Geschlechtsteilen mit dabei notierten Namen – darunter auch diejenigen der in der Wohnung aufgefundenen Mädchen.

Nach kurzer Fahndung wurden Sascha und seine Mutter Ljudmilla festgenommen und unter Anklage gestellt. Seine Schwester Nadeschda, die als Sekretärin des zuständigen Richters arbeitete und sich bereits kurz nach den Leichenfunden illegal Zugriff auf die Fahndungsunterlagen verschaffte, stand offenbar unter dessen Protektion und wurde nicht festgenommen oder später angeklagt, obwohl sie als häufige Besucherin nicht ohne Kenntnis der tagelangen sexuellen Missbräuche, Folterungen und Morde sowie deren Spuren hätte sein können.

Sascha Spessiwzew wurde wegen 19 Tötungsdelikten zum Tode verurteilt, später aber als geisteskrank eingestuft und in eine psychiatrische Einrichtung eingewiesen. Seine Mutter wurde nach dem Geständnis, die Mädchen in die Wohnung zu ihrem Sohn gelockt,

Leichenteile gekocht und andere im Fluss entsorgt zu haben, zu einer lebenslangen Freiheitsstrafe verurteilt. Die Öffentlichkeit war schockiert über die Möglichkeit einer derartigen Verrohung einer Familie. Alkoholismus und familiäre Gewalt gehörten nach dem mit der Auflösung der UdSSR verbundenen sozio-ökonomischen Niedergang in deren Nachfolgestaaten zum Alltag nicht unbeachtlicher Teile der verarmten Bevölkerung. Der arbeitslose und trinkende Vater schlug regelmäßig seine Frau und die Kinder und missbrauchte seine Tochter Nadeschda seit früher Kindheit sexuell. Als er die Familie verließ, übernahm der halbwüchsige Sascha die Rolle des Familientyrannen und führte die körperliche und sexuelle Gewalt gegenüber seiner Mutter und seiner Schwester fort. Die Frage warum die Mutter und mutmaßlich auch die Schwester ihn unterstützten, als er begann brutale Gewalt gegen andere Menschen auszuüben, blieb ungeklärt. Auch die Frage nach der Ursache für den Kannibalismus konnte nicht mit dem Verweis auf die damalige wirtschaftliche Lage und die dadurch bedingten Versorgungsengpässe hinreichend und überzeugend beantwortet werden.

Bevor ich nun zum Ende komme denke ich das noch ein Wort zur Persönlichkeit des Menschen im allgemeinen erwähnt werden muss, wozu natürlich auch die angebliche Persönlichkeitsstruktur des Serienmörders zählt. Unabhängig von etwaigen vermeintlichen Ursachen des Serienmordes, die teilweise im Buch zu lesen sind, stellt sich die Frage, ob der Mensch überhaupt eine prinzipielle eigenständige Persönlichkeit, einen Charakter, ein Selbst oder ein Ich besitzt, wie immer Sie auch dieses offenkundige Bewusstsein oder auch Ihre Individualität bezeichnen wollen.

Denn auch auf diesem Gebiet der neuropsychologischen Forschung ist so gut wie nichts sicher.

So gesehen sind Sie und Ich und jeder noch so berüchtigte Serienkiller gewiß nichts außergewöhnliches oder ein unabhängiger selbstbestimmter Freigeist auf den die Welt gewartet hätte. Diesen selbst gezimmerten Hauch den Sie als Individualität bezeichnen ist tatsächlich gesehen nur der Hauch eines Hauches; ihre psychischen Eigenschaften sind nicht mehr als ein Produkt Ihrer unergründlichen Selbstwahrnehmung und Ihre allgemeinen cerebralen Adjektive entsprechen einem Konglomerat von an und für sich sinn-und zwecklosen Zufälligkeiten.

Doch seien Sie nicht allzu frustriert nachdem Sie die folgenden Seiten gelesen haben. Es gibt schlimmeres im Leben.

Wie hätten Sie es denn gerne? Wollen Sie sich lieber als „*Ich*" bezeichnen oder doch eher als (mein„*Selbst*"? Suchen Sie es sich in aller Ruhe aus. Allerdings, welchen dieser Begriffe Sie auch auswählen um damit Ihre Persönlichkeit oder anders gesagt Ihre Person zu benennen, ist eigentlich egal. Denn offensichtlich existieren Sie und Ich gar nicht. Alles nur ein Illusion, so z.B. Der Buddhismus. Doch nicht nur die buddhistischen Lehren haben da ihre, nun ja, schlagenden Argumente.

Nehmen Sie das Gebiet der Elektronenmikroskopie. Irgendwann ist die Auflösung so groß, dass Sie praktisch nur noch die Atome, ja, mehr erahnen als sehen. Praktisch sehen sie nichts. Denn die noch kleineren Quarks und ihre Kollegen bis hin zu den sog. Präonen...Ich breche mal an dieser Stelle ab. Fazit daraus: Unter einem Elektronenmikroskop würde man uns nicht sehen. Grob gesagt. Wie einfach und geradezu infantil sich hier Quantenphysik und der Begriff der Leerheit im Buddhismus sich ergänzen und als kompatibel erweisen.

Sie sind immer noch der festen Überzeugung eine autarke und eigenständige Persönlichkeit zu sein? Dann geht es auch etwas wissenschaftlicher.

Ganz wie Sie es wünschen.

Die Entwicklung der Persönlichkeit folgt keiner inneren Logik und keinem im Vorhinein angelegten (genetischen oder göttlichen) Plan. Sie vollzieht sich vielmehr in ständiger Interaktion mit der Umwelt, was dem Zufall ein großes Einfallstor öffnet und weshalb eine Änderung der äußeren Bedingungen eine derart dramatische Wandlung von eingeübten Verhaltensweisen bewirken kann, dass sie von Dritten gerne als „eine komplette Veränderung der Persönlichkeit" interpretiert wird, obwohl sie eher ein deutlicher Hinweis darauf ist, dass es überhaupt keine Persönlichkeit gibt. Und wenn wir überzeugt sind, dass wir selbst im Milgram-Experiment niemals die vermeintlich tödlichen Stromschläge ausgeteilt und uns niemals diensteifrig unter Hitlers Nazi-Schergen eingereiht hätten, könnte dies ein großer Irrtum sein.

Niels Birbaumer-
DEIN GEHIRN WEISS MEHR ALS DU DENKST-
Ullstein Verlag Berlin 2014 S. 33
TASCHENBUCHAUSGABE

250

Als gebildete und gereifte Persönlichkeit werden Sie wohl in der Lage sein, selbst zu recherchieren wer Herr Niels Birbaumer und das Milgram-Experiment darstellt. Adolf Hitler dürfte Ihnen ja wohl ein Begriff sein. Ich muß Ihnen nun wirklich nicht alles erklären. Als Homo sapiens, technicus oder wie auch immer haben Sie doch den kulturellen Backround. Oder etwa nicht? Und Sie sind auch noch mächtig stolz auf auf diesen Background, auf diese Kultur, auf diese menschliche Errungenschaft, die dazu beiträgt, dass die gesamte Menschheit fast am Rande ihrer weiteren Existenz steht, Stichwort Klimawandel. Die festen Willens ist, mit ein paar Elektroautos und Windkrafträdern das Klima beeinflussen zu können? Die, wie der unerschütterliche Glaube an einen gütigen und allwissenden Gottvater meint, sie könne mit der Produktion von ein paar Plastiktüten weniger und dem Verzicht auf Umverpackungen die Weltmeere retten? Die zusieht, wie täglich rd.24000 Menschen an bloßem Hunger sterben und zuschaut, dass immer noch Zahnstocher aus Holz produziert werden und im gleichen Atemzug verkündet, man werde vermehrt Zahnstocher aus Kunststoff herstellen, wegen der Umwelt

*"Zur Markierung und Artikulierung des in beständigem
Fluß befindlichen und in ununterbrochenem
raumzeitliche Konnex stehenden Wirklichen, zur exakten
Gliederung des Realen, zur Vermeidung vager Angaben,
treffen wir unter den Elementen der Wirklichkeit eine
willkürliche Auswahl, und ziehen Striche und Grenzen,
wo keine sind."*

*Die Philosophie des Als-Ob,
Berlin 1911, Seite 470 Hans
Vaihinger*

Ihnen ist schon bewusst, dass Ihre momentane schöne Lebenssituation fast ausschließlich auf glücklichen Zufällen beruht und Sie in ganz für ihren weiteren Lebensweg entscheidenden Situationen, einfach nur Glück gehabt haben. Punkt. Ja, natürlich oder sind Sie schon so pathologisch borniert, dass Sie die bisher gemachten Ausführungen nicht rational analysieren können?Tut mir leid aber ich muss Ihnen so kommen, denn scheinbar verstehen Sie keine andere Sprache.
Ich habe versucht, Ihnen das, was Sie nicht sehen können, umgangssprachlich darzulegen, als auch mit wissenschaftlicher Assistenz. Somit werde ich Ihnen dann nochmals mit neuesten akademischen Erklärungen daherkommen, damit Sie dann verstehen, was für ein Produkt Sie und Ich sind.

*Bei den angeblich unveränderlichen Eigenschaften
einer Persönlichkeit handelt es sich also meistens um
Merkmale, auf die keine Änderungsreize einwirken,
so dass man sie leicht für konsistent halten kann.
Sofern sich jedoch eine entsprechende Situation
einstellt, in der das Gehirn mit der betreffenden
Eigenschaft nicht mehr weiterkommt, keinen Effekt
mehr erzielen kann, entfaltet es wieder seine volle
Flexibilität-und der Charakter fällt zusammen wie
ein Kartenhaus.*

(Niels Bierbaumer-Dein Gehirn weiß mehr als Du denkst. Seite 54)

Sozusagen wenn der Schein trügt bzw. wie eine Fahne
im Wind, um es einmal frei mit meinen eigenen Worten
zu übersetzen. Oder um es mit Friedrich Schiller in
seinem Wallenstein auszudrücken

*Von der Parteien Gunst und Hass verwirrt, schwankt
sein Charakterbild in der Geschichte*

Was nun, stellt sich immer in einer bekannten Fernseh-Polit-Sendung die Frage. Wie auch immer ich jetzt fortfahre (natürlich weiß ich schon wie).Sie immer noch nicht so ganz überzeugt ?! Na klar, bei diesen Brocken an Aussagen und Argumenten versucht ihr Hirn immer noch verzweifelt einen Ausweg zu finden, um doch nicht ganz so, pardon, armselig in diesem grenzenlosen Meer an Für und Wider alleine dazustehen.

Aber nur Mut. Rund acht Milliarden Mitmenschen teilen unsere beiden Schicksale. Wobei Schicksal, nun, ich halte nicht viel von einem Schicksal, denn es würde meine Argumentation ad absurdum führen. Denn es gibt kein Schicksal, nach meiner Ansicht. Alles Zufall, und zwar purer Zufall. Da halte ich es eher mit Schiller`s Piccolomini

In deiner Brust sind deines Schicksals Sterne

Ob Sie nun ein angesehener Anwalt, ein erfolgreicher Architekt, ein bekannter Arzt sind oder eben zu einem mehr oder weniger berüchtigten Serienkiller mutieren entscheidet nicht ein verklärt-romantisches Karma oder gar ein göttlicher Wille oder die tollen Gene, die Sie von Ihren Eltern oder dem Opa vererbt haben wollen, sondern einzig und alleine mehrere (un-)glückliche Zufälle, mit umso größeren Auswirkungen.

Chronologie der Tchikatilo Morde aus Wikipedia. Lizenz CC-by-sa- 3.0),
https://de.wikipedia.org/wiki/Andrei_Romanowitsch_Tschikatilo

Laurent Verycken, Formen der Wirklichkeit - Auf den Spuren der Abstraktion,   Penzberg, 1994

Das Manifest
© Gehirn und Geist
Magazin | 13.10.2004 |
http://www.spektrum.de/thema/das-manifest/852357

Psychologie Heute- Memorandum Reflexive Neurowissenschaft
https://www.psychologie-heute.de/home/lesenswert/
memorandum-reflexive-neurowissenschaft/

(Frommberger P., Krippl M. Stolpmann G., Müller, J. L.:,
„Neurobiologie der pädophilen Störung – eine
methodenkritische Darstellung bisheriger
Forschungsergebnisse", Forensische Psychiatrie, Psychologie,
Kriminologie 4, 2007, S. 249-258)

W. Schulte-R.Tölle - Psychiatrie- Springer Verlag 1971

© 2015 Schicksal-und-Herausforderung.de |
Wiebking C, Witzel JG, Walter M, Gubka U, Northoff G:
„Vergleich der emotionalen und sexuellen Prozessierung
zwischen Gesunden und Patienten mit einer Pädophilie; eine
kombinierte Studie aus Neuropsychologie und FMRT".
Forensische Psychiatrie und Psychotherapie 2006
http://www.schicksal-und-herausforderung.de/was-ist-
paedophilie/ist-paedophilie-eine-hirnorganische-stoerung/

Tödliche Natur-DIE ILLUSION VOM BÖSEN
SERIENMÖRDER
JÖRG SPITZER BoD 2018

WEN DAS GLÜCK KÜßT JÖRG SPITZER BoD
2023

DER RIPPER VON ROSTOW JÖRG SPITZER BoD 2023

Fromberger P., Stolpmann K., Jordan J., Müller L.:
„Neurobiologische Forschung bei Pädophilie – Ergebnisse und
deren Konsequenzen für die Diagnostik pädosexueller
Straftäter.", Zeitschrift für Neuropsychologie 20 (3), Verlag
Hans Huber Hogfrefe AG, Bern 2009)

NOZIZEN

Herstellung und Verlag: BoD – Books on
Demand, Norderstedt
ISBN: 9783757886974